Word 2013 - 2016
Fonctionnalités avancées

Niveau 2 - Maîtrise

Publipostage
QuickParts
Dessins et images
Sections
Options avancées d'impression

Niveau 3 - Avancé

Modèles et Formulaires
Styles et Table des matières
Révision et suivi des modifications
Thèmes
Personnaliser Word

Fichiers téléchargeables

Les fichiers de manipulations cités dans cet ouvrage sont téléchargeables sur Internet. Pour y accéder, procéder comme suit :

- lancer votre navigateur internet (Internet Explorer, Chrome, FireFox...)
- saisir ou copier-coller dans la barre d'adresses de votre navigateur (encadré rouge) le lien indiqué dans la description de l'ouvrage (description disponible sur le site Amazon)
- la liste des fichiers utilisables s'affiche

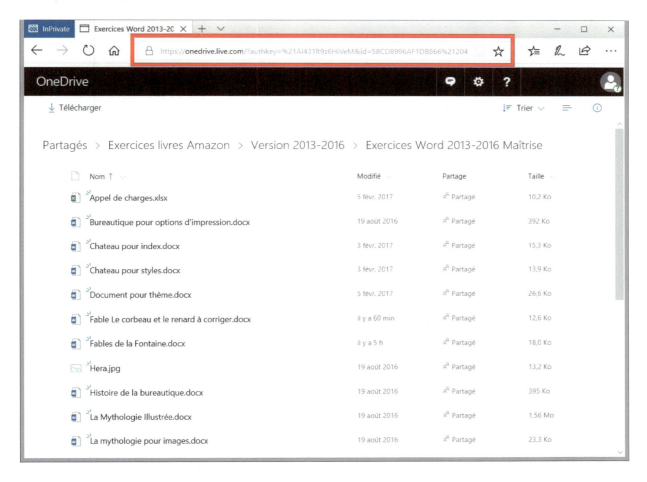

- Pour télécharger un fichier, cliquer droit sur son nom puis cliquer sur **Télécharger** ou sur **Download** ; vous pouvez également cocher le fichier pour le sélectionner et utiliser le bouton **Télécharger** disponible dans l'interface du site.

TABLE DES MATIERES

Word 2013 – 2016

Niveau 2 - Maîtrise

Publipostage

Champs

QuickParts

Dessins et images

Sections

Options avancées d'impression

LE PUBLIPOSTAGE

Le **publipostage** (mailing en anglais) permet d'effectuer l'envoi en nombre d'un courrier personnalisé pour chacun des destinataires. Il est également possible d'effectuer une fusion vers des étiquettes, des enveloppes ou des catalogues.

Dans la situation la plus courante en entreprise, la liste d'adresses des destinataires du publipostage se trouve dans un tableau Excel.

Présentation du publipostage

Avant de commencer, un peu de théorie. Trois éléments sont nécessaires au publipostage :

1) **Le document Word de base (la lettre), lequel contient :**
   - le texte devant demeurer identique pour chaque destinataire, tel que *Nous sommes heureux…*
   - les champs représentant les données variables importés de la liste des destinataires, tels que *Titre, Nom, Prénom, CP, Ville…*

 A noter que le document de base peut également être appelé « document principal », héritage des précédentes versions de Word.

2) **La liste des destinataires sous forme de tableau, dans lequel sont stockés :**
   - Les champs (en colonnes) tels que *Titre, Nom, Prénom, CP, Ville…*
   - Les enregistrements (en lignes) tels que *Monsieur, Dupont, Paul, 75008, Paris*

 A noter que la liste des destinataires peut également être appelée « source de données », héritage des précédentes versions de Word.

3) **Le document de fusion, résultant de la fusion entre la liste et le document de base**

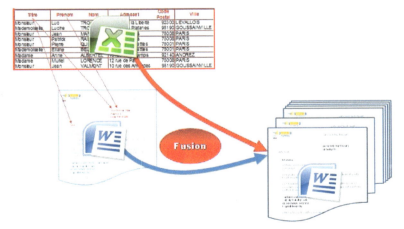

Lors de la fusion, les champs variables insérés dans le document de base sont remplacés par les informations stockées dans la liste de données. Chaque enregistrement de la liste génère une lettre dans le document résultant de la fusion.

 La liste des destinataires est très souvent une liste Excel, mais elle peut également être un tableau Word ou une base de données Access.

Voyons de plus près les différents éléments d'un publipostage.

La liste des destinataires (ou liste de données)

Définition

C'est le tableau qui servira de source à vos documents. En effet, le but d'un publipostage est de créer de nombreux documents personnalisés en fusionnant un document standard (la lettre) avec un tableau contenant une liste de données.

Au moment de lancer le publipostage, l'une des toutes premières choses à faire est de relier la lettre à la liste des destinataires pour pouvoir le moment venu demander l'insertion des informations issues du tableau (les champs de fusion, ou champs variables).

Conseils

La liste des destinataires devra être créée dans un tableau respectant les règles suivantes :

- La première ligne du tableau doit contenir les titres des colonnes (les champs)
- Chaque colonne doit avoir un titre
- Evitez de stocker plusieurs informations dans la même colonne (telles que Nom et Prénom ou CP et Ville)
- Si la liste est un tableau Excel, elle devra être créée sur la première ligne de la feuille et il sera préférable de nommer la feuille.

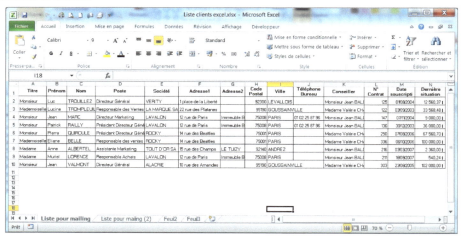

 Word propose également de créer la liste des destinataires au moment du publipostage (voir plus loin). Attention cependant, Word utilise dans ce cas Access pour créer et enregistrer la liste, ce qui rend les choses plus difficiles si vous ne connaissez pas ce logiciel.
En ce qui nous concerne, nous considérons que dans la pratique la liste existe déjà et est le plus souvent créée et mise à jour sous Excel.

La lettre

La lettre va se construire en plusieurs étapes au fil des opérations du publipostage :

Il s'agit d'un document Word tout à fait standard, dans lequel vous allez saisir et présenter les parties identiques pour tous les destinataires : texte, en-tête, formule de politesse…).	
Votre lettre devra ensuite être mise en relation avec la liste des destinataires et deviendra ainsi un document de publipostage. Une fois la lettre et la liste reliées, nous pourrons alors insérer les champs variables issus de la liste aux endroits personnalisés selon le destinataire.	
Et enfin, nous pourrons procéder à la fusion de la lettre et de la liste pour obtenir autant de lettres personnalisées que nous avons de destinataires dans le tableau. C'est dans ce document de fusion que chaque champ variable sera remplacé par les valeurs saisies dans le tableau.	

Nous en avons terminé avec la théorie. Et maintenant, commençons.

Tout d'abord, nous devons avoir une liste des destinataires. Pour notre première tentative, inutile d'avoir une très longue liste, quelques lignes (enregistrements) suffiront.

Lancez Excel et saisissez les données du tableau ci-dessous (si vous ne connaissez pas Excel, vous pouvez créer le tableau dans un nouveau document Word, la procédure du publipostage restera identique).

	A	B	C	D	E	F	G	H
1	Titre	Prénom	Nom	Société	Adresse1	Suite adresse	Code Postal	Ville
2	Monsieur	Luc	TROUILLEZ	VERITY	1 place de la Liberté		92300	LEVALLOIS
3	Mademoiselle	Lucine	TROMPLEUIL	LA MARQUE SA	22 rue des Platanes		95190	GOUSSAINVILLE
4	Monsieur	Jean	MARC	LAVALON	12 rue de Paris	Immeuble B	75008	PARIS
5	Monsieur	Patrick	RAILLY	LAVALON	12 rue de Paris	Immeuble B	75008	PARIS
6	Madame	Anne	ALBERTEL	TOUT D'OR SA	15 rue des Champs	LE TUIZY	92140	ANDREZ
7	Madame	Mucriel	LORENCE	LAVALON	10 rue des Amandes		95190	GOUSSAINVILLE

Si vous choisissez de créer votre tableau sous Excel, nommez la feuille contenant la liste pour plus de clarté : cliquez droit sur l'onglet de la feuille en bas de l'écran puis sélectionnez **Renommer** et saisissez le nom **Liste pour mailing**. A noter que cette opération est facultative et que vous pouvez tout à fait laisser le nom **Feuil1** proposé par Excel

Si vous avez créé votre tableau dans Word, passez directement à l'enregistrement du fichier.

Enregistrez votre fichier sous le nom **Liste bonne année VotrePrénom**.

Vous devez maintenant <u>refermer votre tableau</u>, car le laisser ouvert durant un publipostage peut générer des messages d'erreur de Word.

Il est temps à présent d'écrire notre lettre. Créez un nouveau document Word et saisissez simplement quelques lignes vides, puis le texte **BONNE ET HEUREUSE ANNEE**. Centrez le texte, agrandissez-le et mettez un peu de couleur, cela suffira.

Enregistrez votre document sous le nom **Lettre pour mailing Bonne année VotrePrénom**.

Nous pouvons lancer notre publipostage :

Lancer le publipostage

Etape 1 : Type de document

Dans votre document **Lettre pour mailing Bonne année VotrePrénom**, activez l'onglet **Publipostage** et cliquez sur le bouton **Démarrer la fusion et le publipostage**. Dans la liste qui s'affiche, cliquez sur **Lettres** pour indiquer à Word que nous voulons créer des courriers (nous aurions pu éviter cette étape car Word considère par défaut que le publipostage doit se faire vers des lettres).

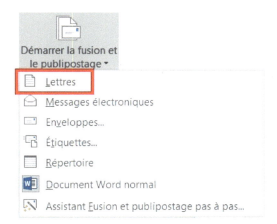

Etape 2: Sélection des destinataires.

Il s'agit maintenant de sélectionner la liste de personnes à qui nous voulons écrire : cliquez sur le bouton **Sélection des destinataires** puis sur **Utiliser une liste existante**.

Dans la fenêtre qui s'affiche, parcourez l'arborescence Windows jusqu'à votre dossier et sélectionnez la liste des destinataires **Liste bonne année VotrePrénom**, puis cliquez sur le bouton **Ouvrir** (vous pouvez également double-cliquer sur le fichier).

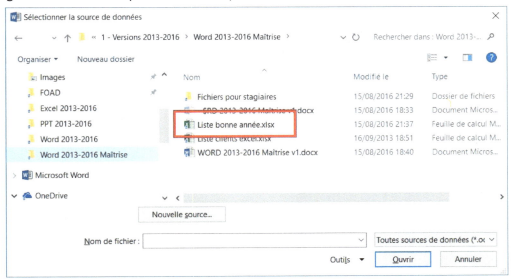

- si vous avez créé votre tableau sous Word, vous revenez directement dans votre document Word.
- si vous avez créé votre tableau sous Excel, une fenêtre s'affiche, vous demandant de sélectionner la feuille Excel sur laquelle vous avez saisi la liste. Sélectionnez **Liste pour mailing** si vous avez renommé votre feuille ou sur **Feuil1** dans le cas contraire, puis cliquez sur **OK.**

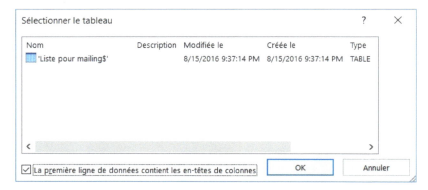

Vous revenez à votre document Word.

Dans tous les cas, votre document est désormais lié à la liste des destinataires. Aucun message ne vous le confirme mais si vous voulez vous en convaincre, il vous suffit de cliquer sur le bouton **Modifier la liste des destinataires** : vous verrez apparaître une fenêtre avec la liste des noms saisis dans le tableau Excel.

Modifier la liste
de destinataires

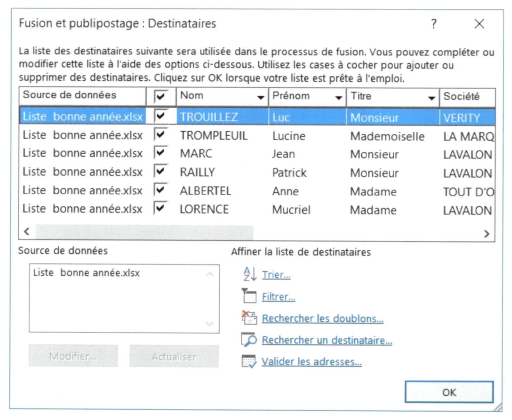

Autre signe visible que votre lettre est devenue un document de publipostage, la plupart des boutons de l'onglet **Publipostage**, restés jusqu'ici grisés, deviennent utilisables.

Nous allons pouvoir aller choisir les informations nécessaires issues de la liste de données :

Etape 3 : Insérer les champs variables (champs de fusion)

Pour commencer, cliquez pour positionner votre curseur sur ce qui sera notre première ligne d'adresse des destinataires (à 5,5 cm environ du bord supérieur de la feuille de papier).

Notre adresse commence tout naturellement par le **Titre** des personnes (Monsieur, Madame…), suivi de leur **Prénom** puis de leur **Nom,** le tout séparé bien sûr par des espaces. Ces informations sont contenues dans le tableau, nous allons demander à les insérer :

- Cliquez sur la flèche déroulante du bouton **Insérer un champ de fusion** de l'onglet **Publipostage**
- Dans la liste des champs qui s'affiche, cliquez sur **Titre :** le champ s'insère dans le document, encadré par des guillemets «Titre»
- Appuyez sur la barre d'espace au clavier puis déroulez à nouveau le bouton **Insérer un champ de fusion** et cliquez cette fois sur **Prénom**
- Ajoutez un nouvel espace au clavier puis allez chercher le champ **Nom**

Chaque champ est ajouté à votre document Word encadré par des guillemets. A noter que si vous cliquez sur l'un des champs, ce dernier se met en surbrillance (trame grise) pour vous informer qu'il ne s'agit pas d'un texte standard.

Positionnez-vous sur la ligne du dessous et continuez d'insérer vos champs jusqu'à obtenir le résultat suivant :

«Titre»·«Prénom»·«Nom»¶

«Société»¶

«Adresse1»¶

«Suite_adresse»¶

«Code_Postal»·«Ville»¶

Supprimez si nécessaire les espacements après paragraphe pour resserrer les lignes et effectuez un retrait gauche de paragraphe pour positionner l'adresse à 9 cm de la marge gauche.

 A noter que pour un publipostage, il vaut mieux utiliser un retrait de paragraphe pour positionner les adresses des destinataires qu'une tabulation. En effet, dans le cas d'une longue adresse, nous ne voulons pas d'un retour à la ligne à la marge gauche.

Etape 4 : Vérification avant lancement de la fusion

Avant de lancer la fusion, il est toujours préférable de prévisualiser le résultat en direct dans notre document de base. C'est ce que nous propose le bouton **Aperçu des résultats**. Lorsque vous cliquez dessus, les noms des champs sont remplacés par les informations correspondant au premier enregistrement du tableau.

Vous pouvez ainsi mieux repérer les coquilles éventuelles et les réparer aussitôt. N'hésitez pas à cliquer sur les boutons de défilement des enregistrements pour faire visualiser deux ou trois enregistrements supplémentaires afin de mieux vous rendre compte de ce que donnera votre fusion.

Cependant, **gardez bien à l'esprit que vous n'avez pas encore fusionné** et qu'il s'agit bien de votre document de base et non du résultat de votre fusion. Pour vous en convaincre, jetez un œil en bas à gauche de la barre d'état de Word : le nombre de pages indiqué est bien 1 sur 1 Page 1 sur 1 .

Par sécurité, désactivez le bouton **Aperçu des résultats** après votre vérification pour revenir à l'affichage des champs, car vous reconnaîtrez ainsi beaucoup mieux votre document de base. Toujours par sécurité, réenregistrez votre document avant de continuer vers la dernière étape.

Etape 5 : Lancer la fusion

Notre lettre est fin prête, cette fois le moment est venu de lancer la fusion : cliquez sur le bouton **Terminer & fusionner**. Trois propositions s'affichent.

En ce qui nous concerne, nous ne voulons pas envoyer de message électronique et nous préférons ne pas lancer directement notre publipostage vers l'imprimante (il existe toujours un risque d'incident tel qu'un bourrage papier au mauvais moment). Nous allons donc cliquer sur **Modifier des documents individuels**.

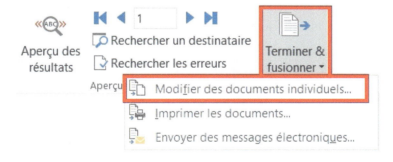

Une fenêtre apparaît, cliquez sur **OK** pour confirmer la fusion.

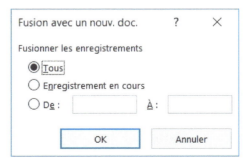

Aussitôt, Word affiche le nouveau document créé durant la fusion, qu'il appelle provisoirement **Lettres1**, comme vous pouvez le vérifier dans la barre de titre de votre fenêtre Word.

Faites défiler les pages vers le bas pour visualiser chaque courrier ou lancez l'aperçu avant impression. Vous verrez six lettres défiler, personnalisées avec les coordonnées de chaque enregistrement saisi dans le tableau Excel.

Ce nouveau document est complètement indépendant du document **Lettre pour mailing bonne année VotrePrénom** qui a servi à le créer. Votre lettre est d'ailleurs restée ouverte et se trouve maintenant en arrière-plan du document résultant de la fusion.

Si vous constatez une erreur, il vous suffit de refermer le document **Lettres1** sans l'enregistrer pour revenir à votre document de base **Lettre pour mailing bonne année VotrePrénom**. C'est bien notre cas, car nous avons oublié de saisir le numéro de l'année.

Refermez **Lettres1** et dans votre document de base **Lettre pour mailing bonne année VotrePrénom** qui réapparaît à l'écran, cliquez après le texte ANNEE et saisissez le numéro de la nouvelle année.

Cliquez sur le bouton **Terminer & fusionner** pour relancer la fusion : vous obtenez cette fois un document **Lettres2**, qu'il vous suffira d'imprimer (vous pourrez également l'enregistrer si vous voulez garder une trace des destinataires de votre publipostage dans un fichier).

Enregistrez le document **Lettres2** sous le nom **Lettres après mailing Bonne année VotrePrénom** puis refermez-le. Réenregistrez et refermez également votre document **Lettre pour mailing bonne année VotrePrénom.**

Rouvrez maintenant ce dernier document. Vous verrez apparaître un message d'un nouveau genre.

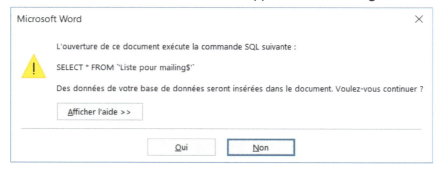

En fait, rien d'anormal : Word vous prévient simplement que le document que vous ouvrez est en lien avec un autre fichier, votre tableau source de données. Cliquez sur bouton **Oui** pour confirmer que vous souhaitez conserver ce lien.

Activez l'onglet **Publipostage** : tous les boutons sont disponibles, vous pourriez lancer une nouvelle fusion d'un simple clic sur le bouton **Terminer & fusionner** sans avoir à repasser par toutes les étapes de préparation !
Refermez à nouveau votre fichier.

Exercice

En utilisant la même liste de destinataires et en vous inspirant de l'exemple de lettre ci-après, lancez un publipostage pour indiquer votre nouvelle adresse :

Paris,·le·(date·du·jour)¶

¶

¶

«Titre»«Prénom»«Nom»¶
«Société»¶
«Adresse1»¶
«Suite Adresse»¶
«Code_Postal»·«Ville»¶

N/Réf°:·CC·JA¶

Objet°:Nouvelle·adresse¶

¶

¶

¶

¶

«Titre»,¶

Nous·vous·remercions·de·bien·vouloir·noter·notre·nouvelle·adresse°:¶

TIP·TOP·FORMATION¶

Rue·de·la·Connaissance¶

75001·PARIS¶

¶

Veuillez·agréer,·«Titre»,·nos·sincères·salutations.¶

¶

¶

¶

TIP·TOP·FORMATION¶

- Enregistrez votre document sous le nom **Lettre pour mailing Nouvelle adresse VotrePrénom**
- Lancez la fusion et faites défiler les enregistrements pour les vérifier
- Enregistrez le document résultant de la fusion sous le nom **Lettres après mailing Nouvelle adresse VotrePrénom**

Pour la suite de nos manipulations, nous aurons besoin d'une liste plus complète. Nous allons utiliser le fichiers Excel **Liste clients Excel** mis à votre disposition sur le réseau. Ouvrez-le et enregistrez-le sous le nom **Liste clients Excel VotrePrénom** dans votre dossier.

Prenez quelques secondes pour observer rapidement son contenu et vous familiariser avec les informations, puis refermez-le.

Créez un nouveau document Word. Saisissez le texte et insérez les champs variables issus de **Liste clients Excel VotrePrénom** tels que représentés ci-dessous :

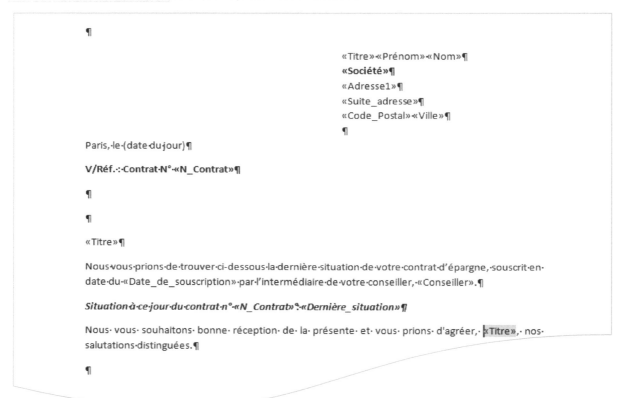

Enregistrez votre document dans votre dossier sous le nom **Lettre pour publipostage situation contrat VotrePrénom**.

Lancez la fusion et observez le résultat : vous devriez obtenir un document contenant 26 lettres individualisées.

Refermez le résultat de la fusion sans l'enregistrer, car nous ne voulons pas écrire à tous nos clients mais seulement à certains :

Limiter le publipostage à certains destinataires

Lorsque vous vous connectez à un fichier de données, il se peut que vous ne souhaitiez pas fusionner les informations provenant de tous les enregistrements de ce fichier. Nous pouvons par exemple imaginer ne vouloir écrire qu'aux clients habitant Paris ou à ceux dont la situation de contrat dépasse 10 000 €.

Pour ce faire, cliquez sur le bouton **Modifier la liste de destinataires**.

La fenêtre **Fusion et publipostage : Destinataires** s'affiche à l'écran.

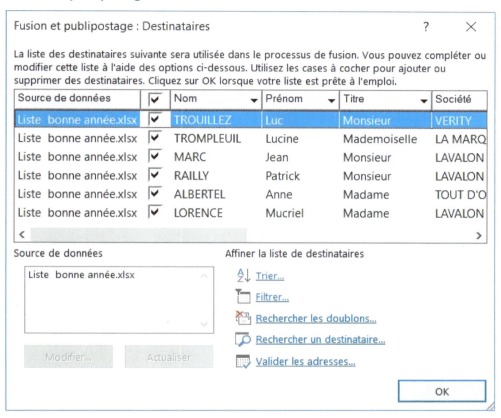

Pour sélectionner vos destinataires, plusieurs solutions s'offrent à vous :

- **La sélection manuelle :** Cette méthode est la plus pratique si votre liste est courte. Activez les cases à cocher situées en regard des destinataires à inclure, et désactivez celles correspondant aux destinataires que vous souhaitez exclure.

- **Le filtre simple** : si votre sélection correspond à un critère simple, vous pouvez utiliser le *filtre automatique* : cliquez par exemple sur la flèche déroulante en regard du champ **Société** et sélectionnez **LAVALON** dans la liste qui s'affiche.

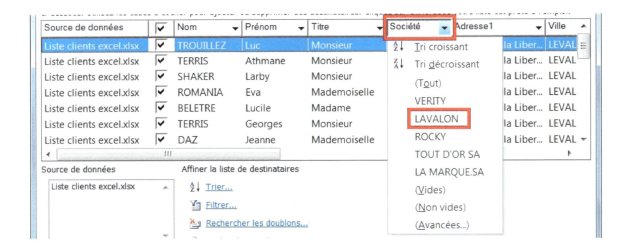

Pour revenir à la liste complète, cliquez à nouveau sur la flèche déroulante du champ **Société** et cliquez sur **Tout**.

A noter que filtre simple ne veut pas dire filtre unique : vous pouvez cumuler plusieurs filtres simples sur les différentes colonnes, pour obtenir par exemple la liste des hommes (filtre sur le champ **Titre**) habitant à Paris (filtre sur le champ **Ville**) suivis par le conseiller Jean Balgean (filtre sur le champ **Conseiller**).

Faites le test : validez puis lancez la fusion par le bouton **Terminer & Fusionner** pour vérifier. Vous n'obtenez que 2 lettres sur les 26 enregistrements de votre liste de données.

- **Le filtre avancé :** si votre sélection correspond à des critères plus complexes, vous pouvez utiliser l'outil **Filtrer** ![Filtrer...] situé dans la partie inférieure de la fenêtre **Fusion et publipostage : Destinataires.**

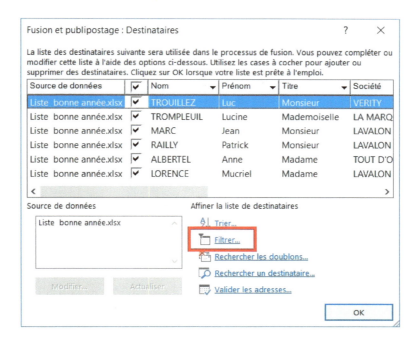

La fenêtre **Filtrer et trier** s'affiche à l'écran. Vous pouvez alors compléter l'onglet **Filtrer les enregistrements** pour déterminer les destinataires de votre fusion (si le dernier filtre utilisé est affiché, utilisez le bouton **Effacer tout** en bas à gauche de la fenêtre pour le supprimer)

Par exemple, le filtre suivant permettra de n'écrire qu'aux clients dont la colonne **Dernière situation** contient des nombres entre 10 000 et 49 999 euros.

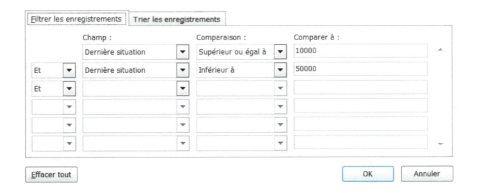

Lancez la fusion pour vérifier votre filtre : vous ne devez obtenir que 6 destinataires.

Autre exemple, vous pouvez vouloir écrire aux personnes situées à PARIS ou à LEVALLOIS ou encore à ASNIERES.

Cliquez à nouveau sur le bouton **Filtrer** [Filtrer...] pour revenir à la fenêtre **Trier et Filtrer** et complétez-la comme suit :

Veillez bien à sélectionner **Ou** à la place de **Et** dans la colonne de gauche, car aucun de nos enregistrements ne peut répondre en même temps aux trois critères : en effet, sur aucune ligne de notre liste ne figure en même temps Paris et Levallois et Asnières dans la cellule contenant la ville.

Et notre précédent filtre, me direz-vous ? Eh bien pour lui, nous avions pu laisser les deux conditions liées par un **Et** car chaque chiffre de la colonne **Dernière situation** devait à la fois être supérieur à 10 000 et inférieur à 49 999.

Si vous lancez la fusion, vous constaterez que nos critères génèrent 18 courriers.

Trier les enregistrements

Si les destinataires de votre publipostage sont particulièrement nombreux, il peut devenir utile de demander un tri. Vous pourrez ainsi faciliter la vie au service courrier en triant par **Code postal** ou choisir un tri par **Nom** pour classer plus rapidement chaque lettre dans les dossiers de vos clients.

Au même titre qu'il existe des filtres simples et des filtres plus élaborés, comme nous venons de le voir, vous trouvez également les tris simples et les tris plus élaborés. Il faut cependant admettre que pour les tris, un tri simple nous suffit le plus souvent.

Rouvrez votre document **Lettre pour publipostage situation contrat VotrePrénom** et dans l'onglet **Publipostage**, cliquez sur le bouton **Modifier la liste des destinataires**.

- Pour un **tri simple**, cliquez sur la flèche déroulante à droite de l'en-tête de la colonne devant servir de clé de tri, par exemple la colonne **Ville.** Choisissez **Tri croissant** ou **Tri décroissant**.

A noter que si vous effectuez un clic direct au milieu de l'en-tête de la colonne et non sur sa flèche déroulante, la liste se trie automatiquement, d'abord par ordre croissant puis par ordre décroissant si vous cliquez à nouveau.

- Pour un **tri plus complexe**, cliquez sur l'outil **Trier** ²↓ Trier... de la fenêtre et renseignez les informations de l'onglet **Trier les enregistrements** qui s'affiche à l'écran. Ici par exemple, nous avons voulu un tri par **Société** puis, puisque nous avons plusieurs enregistrements avec la même société, un tri secondaire par **Nom**.

A CE POINT DU MANUEL, REALISER DES EXERCICES DE MISE EN APPLICATION POUR VALIDER LES CONNAISSANCES ACQUISES

Utiliser les Mots clés

Un publipostage efficace est un publipostage dont le résultat ne semble s'adresser qu'à un seul et unique destinataire. Il faut donc éviter d'y faire figurer des expressions généralistes telles que **Madame, Monsieur** ou **Cher(e) client** par exemple.

C'est ici que les champs conditionnels, également appelés mots clés interviennent, et plus particulièrement le champ **Si... Alors... Sinon**.

Voyons de quoi il retourne. Pour cela, rouvrez si nécessaire votre document **Lettre pour publipostage situation contrat VotrePrénom**.

Nous voulons que s'affiche **Cher** ou **Chère** devant le titre en début de lettre et dans la ligne de salutations. Commencez par positionner votre curseur devant le champ **Titre** en début de lettre. Dans l'onglet **Publipostage**, déroulez le bouton **Règles** ⬚ Règles ▼ puis cliquez sur **Si... Alors... Sinon**. Complétez comme ci-dessous les instructions dans la fenêtre **Insérer le mot clé Si**

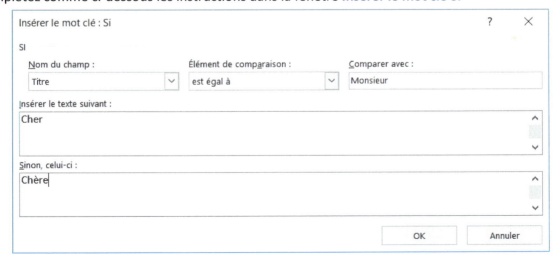

Testez le résultat de vos efforts en lançant une nouvelle fusion vers l'ensemble des destinataires pour faire défiler les lettres et vérifier le bon fonctionnement du champ.

Vous constaterez que le mot **Cher** s'affiche bien devant **Monsieur**, tandis que dans les autres cas, celui des dames et de demoiselles, le mot **Chère** est utilisé. Pratique, non ?
Recommencez l'opération pour la ligne des salutations, où le même problème se pose.

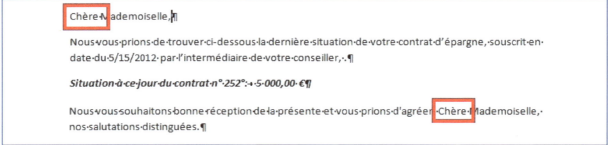

Autre cas de figure pour les plus courageux d'entre vous, certains de nos clients n'ont pas de conseiller dans le tableau, ce qui génère une erreur sur le courrier qui leur est adressé, comme vous l'aurez peut-être déjà remarqué.

La première solution consiste à effectuer deux publipostages en utilisant les filtres (le premier publipostage vers toutes les personnes ayant un conseiller, le second uniquement vers les personnes sans conseiller, en enlevant la phrase "*par l'intermédiaire de votre conseiller*".

La seconde solution, plus élaborée, va nous permettre de n'effectuer qu'un seul publipostage. Pour commencer, effacez les mots "*par l'intermédiaire de votre conseiller*," et positionnez votre curseur juste avant le point final de la phrase.

Déroulez le bouton **Règles**, sélectionnez **Si… Alors… Sinon** avant de complétez la fenêtre comme ci-dessous :

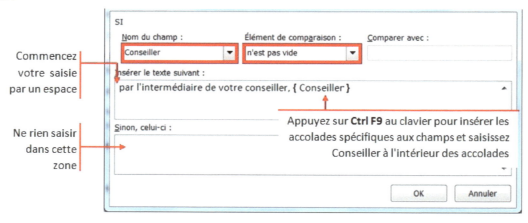

Testez votre publipostage : rien ne figure sur les clients "orphelins" tandis que ceux ayant un conseiller ont bien la phrase citant son nom.

Mise en forme des dates et nombres issus de tableaux Excel
Un problème de formatage peut se poser lorsque vous insérez des champs numériques ou dates issus d'un tableau Excel.

Par exemple, les dates affichées dans le document Word après la fusion seront au format mois/jour/année (05/28/2016) et non jour/mois/année (28/05/2016). De même, les nombres ne conservent pas la mise en forme appliquée dans le tableau Excel.

Voici comment procéder pour imposer une mise en forme sur un champ de fusion dans le document Word :

Mettre en forme un champ numérique

Prenons l'exemple de la situation de contrat dans notre **Lettre pour publipostage situation contrat VotrePrénom**. Si vous lancez une fusion et regardez le résultat sur certaines lettres, vous verrez que le chiffre se présente mal car Word ne récupère pas le format de nombre appliqué sous Excel.

Nous allons corriger cela : revenez à votre lettre **Lettre pour publipostage situation contrat VotrePrénom** et dans l'onglet **Publipostage**, désactivez si besoin le bouton **Aperçu des résultats**. Effectuez un clic droit sur le champ **Dernière situation** et cliquez sur **Basculer codes de champ**.

Vous visualisez maintenant les codes du champ de fusion, que vous allez modifier pour demander un formatage en euros : cliquez pour positionner votre curseur juste avant l'accolade fermante et ajoutez le formatage tel qu'indiqué ci-dessous :

Espaces

{ MERGEFIELD Dernière_situation \# "# ##0,00 €"}

Texte à ajouter

Pour rebasculer en affichage du champ, cliquez à nouveau droit dessus et cliquez à nouveau sur **Basculer code de champ** puis sur **Mettre à jour le champ**. Pour vérifier si le format s'applique correctement, réactivez le bouton **Aperçu des résultats** ou lancez la fusion.

Vous devez obtenir par exemple le résultat suivant :   **12 560,37 €**

Mettre en forme un champ date

Pire encore qu'un problème d'esthétique, nous avons par ailleurs les dates de souscription des contrats qui sont présentées à l'anglaise, inversant la position du jour et le mois. Le 8/1/2004 correspond en fait au 1er août 2004. Là aussi, une solution existe :

Cliquez droit sur le champ **Date de souscription** et cliquez sur **Basculer codes de champs**, puis ajoutez le formatage comme indiqué ci-dessous :

Espaces

{ MERGEFIELD Date_de_souscription \@ "dd/MM/yyyy"}

Texte à ajouter

Si vous souhaitez plutôt que la date s'affiche en toutes lettres, corrigez alors comme ci-dessous :

Espaces

{ MERGEFIELD Date_de_souscription \@ "dd MMMM yyyy"}

Texte à ajouter

Dans le premier cas, vous devez obtenir le résultat suivant : **01/08/2004**

Dans le second cas, le résultat suivant : **01 août 2004**

Fusionner vers des étiquettes

Il n'est pas rare de vouloir lancer une fusion non pas vers des lettres mais vers des étiquettes. Plus rarement, vous pouvez également fusionner vers des enveloppes, mais seules certaines imprimantes sont capables de gérer un grand nombre d'enveloppes, dont l'épaisseur pose trop souvent des problèmes lors de l'impression.

La fusion vers des étiquettes ne diffère pas vraiment de la fusion vers des lettres, à ceci près qu'il vous faudra connaître le modèle de l'étiquette sur laquelle vous comptez imprimer. En ce qui nous concerne, nous allons prendre comme modèle d'étiquettes un modèle assez fréquemment utilisé en entreprise, le modèle **L7162** de la marque **Avery A4**.

Commençons par créer un document vierge. Vous n'avez rien à y saisir puisqu'il s'agit d'étiquettes, allez directement dans l'onglet **Publipostage** et déroulez sur le bouton **Démarrer la fusion et le publipostage**. Cliquez sur **Etiquettes...**

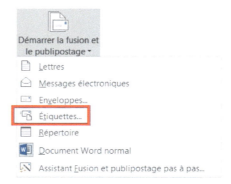

La fenêtre ci-dessous s'affiche à l'écran afin de vous permettre de sélectionner le modèle d'étiquettes que vous comptez utiliser.

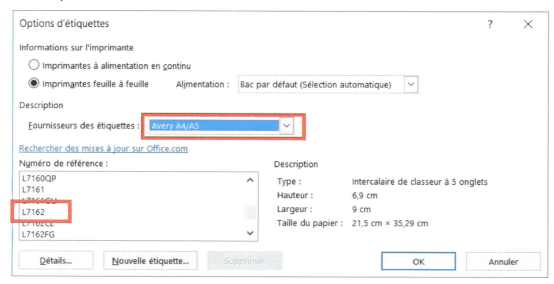

Dans un monde idéal, le nom du fournisseur et la référence des étiquettes figureraient systématiquement sur la boite qui les contient. Dans la réalité, vous aurez parfois besoin d'aller "à la pêche" à la bonne étiquette en la cherchant par rapport à sa taille (hauteur et largeur) indiquée dans la zone **Description**.

Vous pouvez également cliquer sur le bouton **Détails** pour connaître le nombre d'étiquettes par planche. Dans notre cas, l'étiquette **L7162** génèrera deux étiquettes en largeur sur huit étiquettes en hauteur.

Vérifiez-le par vous-même en cliquant sur OK pour valider votre choix : Word insère un tableau dans votre document pour le découper en autant d'étiquettes que prévu par le modèle sélectionné.

 *Si vous ne voyez pas les limites des cellules de votre tableau, c'est que l'affichage du quadrillage est désactivé : dans l'onglet contextuel **Disposition**, groupe **Tableau**, activez le bouton **Afficher le quadrillage**.*

Vous pouvez poursuivre votre publipostage en cliquant sur le bouton **Sélection des destinataires** de l'onglet **Publipostage** pour sélectionner votre liste d'adresses **Liste clients Excel VotrePrénom**.

Ceci fait, vous devez maintenant procéder à l'insertion des champs dans la <u>première</u> étiquette de la colonne de gauche. Pour cela, utilisez à nouveau le bouton **Insérer champ de fusion** jusqu'à obtenir le résultat suivant :

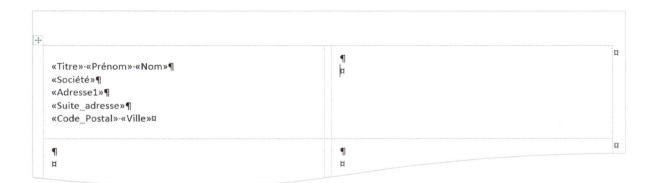

 *Pour faire en sorte que les lignes d'étiquettes soient bien centrées verticalement dans la hauteur de l'étiquette, n'oubliez pas d'utiliser le bouton **Au centre à gauche** dans l'onglet contextuel **Disposition**, groupe **Alignement**.*
*Au besoin, n'hésitez pas par ailleurs à supprimer tous les espacements avant ou après de paragraphe (onglet **Accueil**, groupe **Paragraphe**).*

Il ne nous reste plus qu'à demander à ce que toutes les étiquettes de notre planche se mettent à jour en fonction de la première étiquette : cliquez sur le bouton [🔄 Mettre à jour les étiquettes] et c'est chose faite :

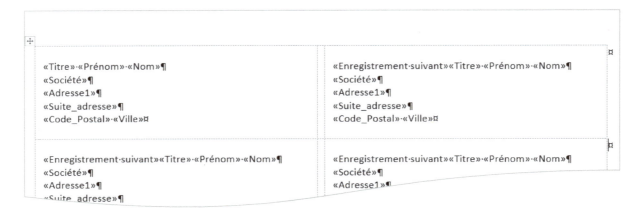

Vous pouvez bien sûr apporter des modifications. Si vous souhaitez par exemple mettre la première ligne de votre adresse en gras, il vous suffit de le faire dans la première étiquette puis de cliquer à nouveau sur le bouton **Mettre à jour les étiquettes** ⌑ Mettre à jour les étiquettes .

Cliquez maintenant sur le bouton **Aperçu des résultats** pour avoir une idée de ce que donnera votre mailing.

Mais attention : pour les étiquettes comme pour les lettres, n'oubliez pas d'aller au bout du publipostage en cliquant sur le bouton **Terminer et fusionner** puis sur **Modifier des documents individuels** si vous voulez créer un document contenant autant de planches d'étiquettes que nécessaire.

 *A noter que lors de la fusion vers des étiquettes, Word crée un document **Etiquettes1** au lieu de **Lettres1***

Fusionner vers des messages Outlook

Pour fusionner vers la messagerie et envoyer des messages personnalisés à vos destinataires, vous devrez avoir prévu dans votre liste de destinataires une colonne indiquant les adresses de messagerie.

Dans votre fichier **Liste bonne année VotrePrénom** par exemple, ajoutez une colonne **Adresse messagerie** et saisissez votre adresse sur l'une des lignes.

Ajoutez les autres adresses, toutes fictives, indiquées sur le tableau ci-dessous :

	A	B	C	D	E
1	Titre	Prénom	Nom	Société	Adresse messagerie
2	Monsieur	Luc	TROUILLEZ	VERITY	
3	Mademoiselle	Lucine	TROMPLEUIL	LA MARQUE.SA	lucine.trompleuil@publipostage.test.fr
4	Monsieur	Jean	MARC	LAVALON	jean.marc@publipostage.test.fr
5	Monsieur	Patrick	RAILLY	LAVALON	patrick.railly@publipostage.test.fr
6	Madame	Anne	ALBERTEL	TOUT D'OR SA	
7	Madame	Muriel	LORENCE	LAVALON	muriel.lorence@publipostage.test.fr

 Dans la mesure où les adresses indiquées ci-dessus sont des adresses fictives, le publipostage vers ces adresses génèrera en retour un avertissement vous informant de la non-réception des messages.

Enregistrez et refermez le fichier.

Dans Word, créez un nouveau document et lancez le publipostage :

- Dans l'onglet **Publipostage**, déroulez le bouton **Démarrer la fusion et le publipostage** et cliquez sur **Messages électroniques**.

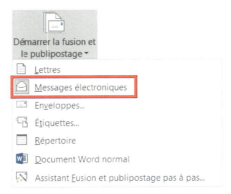

- Cliquez sur le bouton **Sélection des destinataires** et sélectionnez le fichier **Liste bonne année VotrePrénom** ; au besoin, cliquez sur **Modifier la liste des destinataires** pour vérifier la bonne sélection de votre liste et la présence de la nouvelle colonne.

- Préparez votre message en saisissant le texte invariable, en insérant les champs variables **Prénom** et **Société** ainsi que le mot clé **Cher/Chère** tels que présentés ci-dessous :

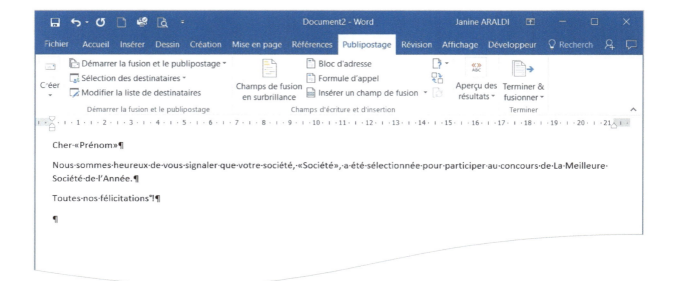

- Lorsque tout est prêt, cliquez sur le bouton **Terminer & fusionner** et sélectionnez **Envoyer des messages électroniques**.

- La fenêtre **Fusionner avec un message électronique** s'affiche à l'écran.
- Déroulez la zone **A :** et sélectionnez le champ contenant l'adresse de messagerie
- Saisissez un objet dans la zone **Ligne Objet**
- Validez par **OK**

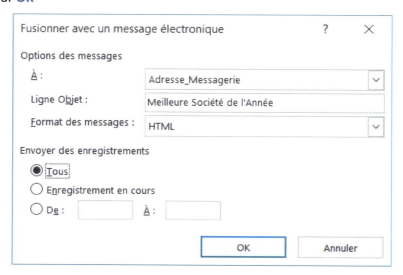

Les messages sont aussitôt envoyés par Outlook, sans possibilité de les vérifier... ou de les retenir !

- Pour visualiser les messages envoyés, cliquez sur **Eléments envoyés** dans la messagerie Outlook : chaque message envoyé s'y trouve comme s'il avait été envoyé individuellement.

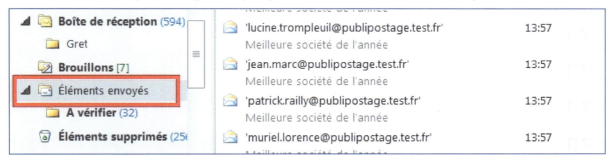

 *Si les messages n'apparaissent pas dans **Eléments envoyés**, ils sont sans doute encore en préparation dans le dossier **Boite d'envoi** d'Outlook. Patientez quelques secondes ou cliquez sur le bouton **Envoyer / Recevoir** pour provoquer leur départ sur le réseau.*

Et voilà, nous en avons terminé avec le publipostage !

A CE POINT DU MANUEL, REALISER DES EXERCICES DE MISE EN APPLICATION POUR VALIDER LES CONNAISSANCES ACQUISES

LES ETIQUETTES HORS PUBLIPOSTAGE

Nous avons précédemment abordé les étiquettes dans le cadre d'un publipostage, mais qu'en est-il si nous voulons obtenir toute une planche d'étiquettes contenant le même texte ?
En fait, rien de plus facile pour qui est déjà passé par l'épreuve du publipostage...
Commencez par créer un nouveau document vierge, qui nous servira à créer notre planche d'étiquettes.

Créer une planche d'étiquettes au même nom

Etrangement, pour créer des étiquettes hors publipostage, vous devez quand même activer l'onglet **Publipostage**. Mais cette fois, cliquez sur le bouton **Etiquettes** du groupe **Créer** au début du ruban.

La fenêtre **Enveloppes et étiquettes** s'affiche à l'écran. Au besoin, activez l'onglet **Etiquettes**.

Effectuez les manipulations suivantes :
- Saisissez le texte de l'adresse dans la zone **Adresse:**

- Pour accéder aux options de mise en forme de la **police** ou des **paragraphes** vous pouvez sélectionner et cliquer droit sur une portion de votre texte
- Cliquez sur le bouton **Options** pour choisir le modèle de votre étiquette

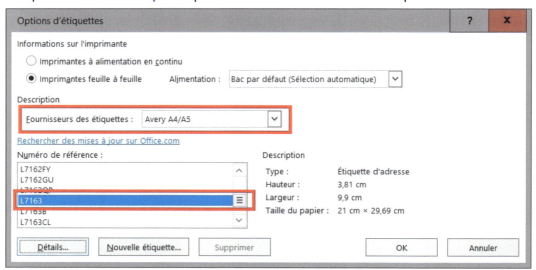

- Cliquez sur le bouton **Nouveau document** pour créer un document contenant vos étiquettes (ou vous pouvez également cliquer sur le bouton **Imprimer** pour lancer directement l'impression de vos étiquettes)

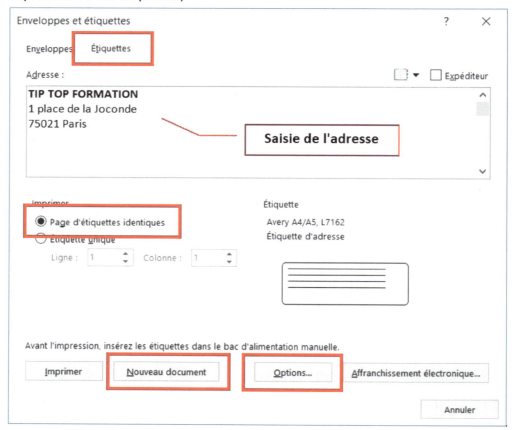

Exercice

Créez un nouveau document pour créer les étiquettes d'adresse suivantes :
- Sélectionnez le format d'étiquettes APLI 01275
- Saisissez votre adresse
- Mettez votre nom en gras et en taille 14

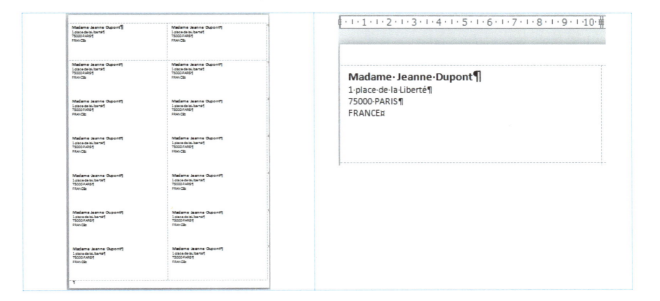

Exercice

Créez un nouveau document pour créer les étiquettes de dossier suivantes (ces étiquettes peuvent par exemple être collées sur la tranche de classeurs ou de boites d'archives) :
- Sélectionnez le format d'étiquettes AVERY A4/A5 6057
- Créez un nouveau document sans rien saisir dans la zone d'adresse
- Une fois votre document affiché avec ses trois étiquettes, saisissez respectivement :
  - **Archives Compta 2015-Sem1** dans la première étiquette
  - **Archives Clients 2015** dans la deuxième étiquette
  - **Archives Clients 2016** dans la troisième étiquette
- Agrandissez la taille de la police et réglez les alignements pour obtenir le résultat suivant :

Archives Compta 2015-Sem1

Archives Clients 2015

Archives Clients 2016

Définition

Un champ est instruction qui, insérée dans le document, ordonne une certaine action automatisée : créer une table des matières, afficher le numéro de la page, afficher la date du jour ou le nom du document actif…

Vous l'ignoriez sans doute, mais vous venez de passer plusieurs heures à manipuler des champs de type particulier, les ***champs de fusion*** dans le cadre d'un publipostage. Mais vous en avez aussi vraisemblablement utilisé bien d'autres, comme par exemple le champ permettant d'afficher le ***numéro de page***, ou celui permettant d'insérer la ***date du jour***.

Par souci pratique, les champs les plus couramment utilisés sont directement accessibles par des boutons tels que **Date et heure** 🕐 Date et heure ou **Insérer le numéro de page** #️ . Bien d'autres sont toutefois disponibles, qui peuvent indiquer par exemple la date de création du document, son nom et son emplacement ou encore le nombre de mots qu'il contient.

Pour découvrir la liste exhaustive des champs disponibles dans Word, créez un nouveau document vierge et enregistrez-le dans votre dossier sous le nom **Les champs Word VotrePrénom**.

Insérer un champ

- Dans l'onglet **Insertion / Insérer**, déroulez le bouton **QuickPart** et cliquez sur **Champ**

- Dans la boite de dialogue qui s'affiche à l'écran, nous allons choisir le champ qui nous permettra d'insérer le nom et le chemin d'accès du document :

    - Déroulez la zone **Catégories** et sélectionner **Résumé** (seuls les champs d'information du fichier apparaissent dans la liste **Noms de champs**, permettant une sélection plus facile)

    - Dans la liste **Noms de champs**, cliquez sur **Filename**

    - Lisez la définition du champ sélectionné dans la zone **Description**

    - Choisissez le format **Première majuscule**

    - Cochez l'option **Ajouter le chemin au nom du fichier**

    - Validez par **OK**

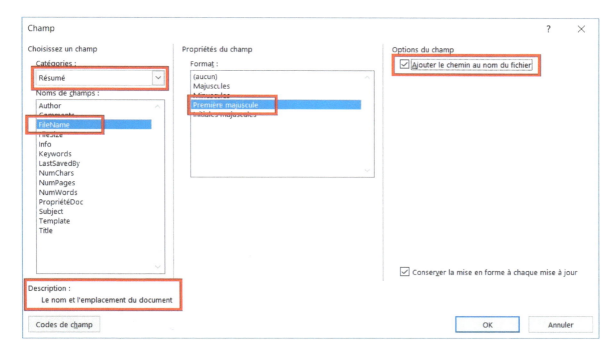

Le nom de votre fichier et son emplacement ont été insérés dans votre document. Si vous cliquez sur le texte, vous constaterez que l'ensemble est marqué par une trame grisée, invisible à l'impression : il s'agit d'un repère précieux pour distinguer les champs du texte normal.

C:\Users\Janine\Documents\Les champs Word Prénom.docx

*Si vous voulez ajouter le nom de votre fichier et son chemin d'accès dans votre zone d'entête ou de pied de page, un bouton vous permet de le faire de façon beaucoup plus directe (bouton **Descriptif du document**, groupe **Insérer** de l'onglet contextuel **Création**.*

Nous voulons maintenant ajouter la date de création de notre document, ainsi que la date de son dernier enregistrement :

- Créez une ligne vide et retournez dans la boite de dialogue d'insertion des champs.
- Sélectionnez la catégorie **Date et heure**
- Choisissez le premier champ **CreateDate**
- Dans la colonne de droite, choisissez le format d'affichage complet jour, heure, minutes et secondes (dd/MM/yyyy HH:mm:ss).
- Sur une nouvelle ligne, insérez également le champ **SaveDate**, toujours avec le format d'affichage complet

Pour supprimer un champ, positionner le curseur à la droite du champ et appuyez deux fois sur la touche d'effacement ⬅ au clavier.

Afficher les codes de champ

Une fois inséré, un champ peut être affiché soit sous la forme de son **résultat** (ou **valeur**), soit sous la forme de ses **codes**, ce qui peut alors vous permettre de le modifier.

Pour afficher les codes du champ, suivre la procédure ci-dessous :

- Cliquez sur le champ à l'aide du bouton droit de la souris et sélectionnez **Basculer les codes de champs** (vous pouvez également utiliser la combinaison de touches **Majuscule F9)**
- Pour revenir à l'affichage de la valeur du champ, répétez l'une ou l'autre action ci-dessus

3 exemples de champs avec leurs codes affichés :	{ FILENAME * FirstCap \p * MERGEFORMAT }
	{ CREATEDATE \@ "dd/MM/yyyy HH:mm:ss" * MERGEFORMAT }
	{ SAVEDATE \@ "dd/MM/yyyy HH:mm:ss" * MERGEFORMAT }
3 exemples de champs avec leurs valeurs affichées :	C:\Users\Janine\Documents\Les champs Word Prénom.docx
	17/11/2013 20:21:00
	16/08/2016 15:13:00

Mettre à jour les champs

La mise à jour de l'affichage des champs n'est pas effectuée automatiquement par Word. En cas de modifications, il sera donc nécessaire de le faire manuellement pour que le résultat renvoyé soit réactualisé. La preuve en est que si vous réenregistrez votre document, le champ censé nous indiquer la date du dernier enregistrement ne change pas. Nous devons mettre à jour le champ.

- Cliquez droit sur le champ et cliquez sur la commande **Mettre à jour les champs** (vous pouvez également demander la mise à jour du champ en utilisant la touche **F9** du clavier).

 *Pour demander la mise à jour de tous les champs du document, pressez **Ctrl A** au clavier pour sélectionner tout le document puis appuyez sur la touche **F9**.*

Se déplacer d'un champ à l'autre

Pour vous déplacer d'un champ à l'autre, utiliser la touche F11 pour accéder au champ suivant du document et la combinaison de touches ⇧ F11 pour accéder au champ précédent.

LES QUICKPARTS

La galerie de composants **QuickPart** est une bibliothèque dans laquelle vous pouvez créer, stocker et rechercher des éléments de contenu réutilisables, aussi variés qu'un texte (formule de politesse ou adresse d'un fournisseur), une image (logo) ou un bloc d'en-tête souvent utilisé contenant plusieurs informations distinctes.

Word possède d'emblée un nombre important de composants **QuickPart**, auxquels vous pouvez faire appel, mais vous pouvez bien sûr créer vos propres entrées.

Créer un nouvel élément QuickPart

Imaginons par exemple que vous écriviez très fréquemment à votre organisme de formation favori. Vous voudriez peut-être dans ce cas enregistrer son adresse pour pouvoir l'intégrer rapidement à vos courriers.

Pour effectuer les manipulations qui suivent, créez un nouveau document vierge, dans lequel vous saisirez et mettrez en forme l'adresse suivante :

- Sélectionnez l'adresse

- Dans l'onglet **Insertion / Insérer**, cliquez sur le bouton **QuickPart** puis sur **Enregistrer la sélection dans la galerie de composants QuickPart**.

La fenêtre ci-dessous s'affiche à l'écran :

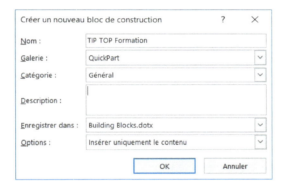

- Au besoin, rectifiez le nom d'enregistrement du QuickPart. Validez par **OK**.

 *Par défaut, votre sélection sera disponible par le bouton **QuickPart**, mais vous pouvez également choisir une galerie particulière si vous voulez rendre votre sélection accessible depuis certains endroits précis du document (zone d'en-tête, menu déroulant d'insertion des numéros de pages, liste des pages de garde…).*

Utiliser un élément QuickPart

- Positionnez votre curseur à l'endroit du document où vous voulez ajouter l'élément QuickPart

- Dans l'onglet **Insérer**, cliquez sur le bouton **QuickPart**

- Dans la liste qui s'affiche, cliquez sur votre bloc pour l'insérer.

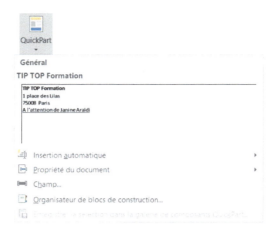

Modifier la liste des éléments QuickPart

- Déroulez le bouton **QuickPart** dans l'onglet **Insertion / Insérer** puis cliquez sur la commande **Organisateur de blocs de construction**.

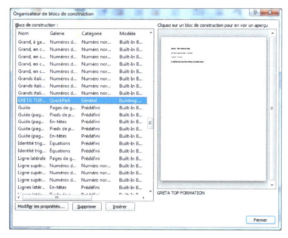

- Cliquez sur les en-têtes des colonnes pour trier la liste par **Nom** ou par **Galerie** par exemple
- Sélectionnez le bloc dans la liste de gauche pour le visualiser à droite de la fenêtre
- Selon le cas, cliquez sur le bouton **Modifier les propriétés**, sur **Supprimer** ou sur **Insérer**.

 A noter que les QuickParts créés par l'utilisateur se classent par défaut dans la catégorie Général.

 ## Les insertions automatiques

Proches cousines des **QuickPart**, les insertions automatiques sont facilement accessibles et peuvent être gérées par la touche de fonction **F3** du clavier. Elles ne sont disponibles que par souci de compatibilité avec les anciennes versions de Word.

Créer une insertion automatique

Imaginons maintenant que vous saisissiez sans cesse la même formule de politesse dans vos courriers. Nous allons l'enregistrer en utilisant la fonctionnalité **Insertion automatique**.

- Dans un nouveau document ou dans le document créé précédemment, saisissez et mettez en forme le texte à mémoriser, par exemple :

- Sélectionnez le texte et la signature

- Dans l'onglet **Insérer**, cliquez sur le bouton **QuickPart**

- Cliquez sur **Insertion automatique**

- Cliquez sur **Enregistrer la sélection dans la galerie d'insertion automatique**.

   La fenêtre ci-dessous s'affiche à l'écran :

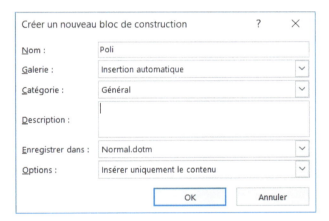

Saisissez un nom bref pour votre insertion (**Poli** par exemple) et validez par **OK**.

Utiliser une insertion automatique

Il existe plusieurs façons d'utiliser les insertions automatiques :

1. Par la saisie du nom de l'insertion : positionnez le curseur à l'endroit du document où doit être placée l'insertion, saisissez son nom (**Poli**) et appuyez sur la touche de fonction **F3** ou, si un cadre jaune apparaît, appuyez sur la touche **Entrée** du clavier pour accepter l'insertion

2. Par le bouton **QuickPart** : positionnez le curseur à l'endroit du document où doit être placée l'insertion, cliquez sur le bouton **QuickPart** puis sur **Insertion automatique** et dans la liste des insertions, cliquez sur celle à insérer

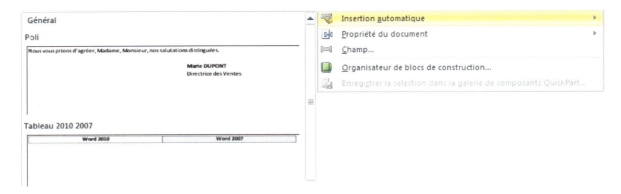

Supprimer une insertion automatique

Vous devez supprimer les insertions automatiques de la même façon que vous supprimez un bloc QuickPart :

- Déroulez le bouton **QuickPart** dans l'onglet **Insérer**
- Cliquez sur la commande **Organisateur de blocs de construction**.
- Sélectionnez le bloc dans la liste et cliquez sur le bouton **Supprimer**. Pour les besoins de la formation, merci de supprimer l'élément **Poli** que vous venez de créer.

A CE POINT DU MANUEL, REALISER DES EXERCICES DE MISE EN APPLICATION POUR VALIDER LES CONNAISSANCES ACQUISES

LES NOTES DE FIN OU DE BAS DE PAGE

Les notes permettent d'ajouter au texte des commentaires, explications ou références sous forme de renvois numérotés.

Jean·de·La·Fontaine·(né·le·8·juillet·1621·à·Château-Thierry[1],·et·mort·le·13·avri

Souvent prévues en bas de chaque page, les notes peuvent également être rassemblées en fin de document.

Pour effectuer les manipulations suivantes, ouvrez le document **Fables de la Fontaine**.et enregistrez-le dans votre dossier de travail sous le nom **Fables de la Fontaine VotrePrénom**.

Insérer une note

- Positionnez le curseur à la droite immédiate du mot à annoter dans le texte, par exemple à droite de « **Château Thierry** » dans la première ligne de texte du document.
- Cliquez dans l'onglet **Référence** puis cliquez sur le bouton **Insérer une note de bas de page** dans le groupe **Notes de bas de page**.

AB¹

Insérer une note
de bas de page

- Immédiatement, un numéro de rappel est inséré dans le texte et le curseur est renvoyé en bas de page pour vous permettre de saisir le texte de la note.

    Saisissez par exemple : **Ville située dans le département de l'Aisne (région de Picardie) »**

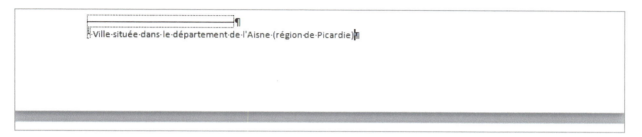

 Pour remonter rapidement dans le corps du texte, double-cliquez sur le numéro de la note.

- Positionnez maintenant votre curseur à droite de « **Nicolas Fouquet** » et insérez une seconde note : « **Homme d'État français de haut rang né en 1615, surintendant des finances à l'époque de Mazarin, procureur général au parlement de Paris.** »

- La seconde note porte automatiquement le n° 2 et se positionne en-dessous de la première en bas de la page.

- Double-cliquez sur le numéro de la note pour remonter dans le document et à l'aide de votre souris, visez le numéro de note qui s'est inséré à droite du texte « **Fouquet** » : un cadre apparaît affichant le texte de la note.

Homme d'État français de haut rang né en 1615, surintendant des finances à l'époque de Mazarin, procureur général au parlement de Paris.

as·Fouquet², Jean·de·La·Fontaine·reste·

 *Vous pouvez également choisir d'insérer vos notes en fin de document en utilisant sur le bouton **Insérer une note de fin** du groupe **Notes de bas de page.***

Modifier les options des notes

- Dans l'onglet **Référence**, cliquez sur le bouton lanceur du groupe **Notes de bas de page** pour ouvrir la boite de dialogue ci-dessous :

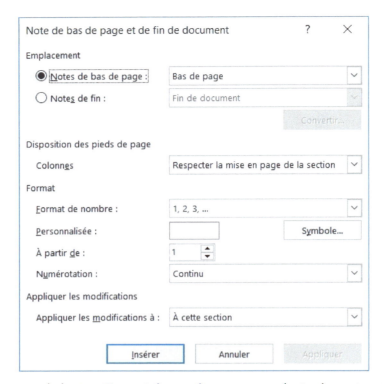

- Utilisez par exemple la zone **Format de nombre** pour numéroter les notes a), b) et c) ou la zone **A partir de** pour commencer la numérotation des notes à un numéro différent de 1.

Supprimer une note

- Sélectionner <u>dans le texte</u> le numéro de rappel et appuyer sur la touche **Suppr** au clavier.

Vous pouvez enregistrer et refermer le document **Fables de la Fontaine VotrePrénom**.

LES SECTIONS

Par défaut, la mise en page (marges, orientation du papier) et les en-têtes et pieds de page sont identiques pour toutes les pages d'un document Word.

Cependant, il arrive que l'on ait besoin de changer l'orientation du papier pour une des pages, qui contiendrait par exemple un tableau trop large pour rester en orientation verticale.

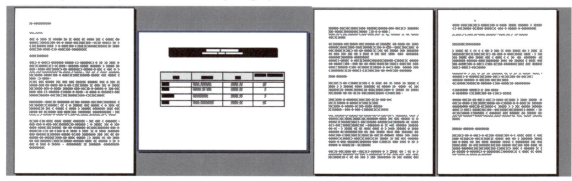

De même, on pourrait vouloir un en-tête identique sur les dix premières pages du document, puis un autre en-tête pour les trois pages suivantes, puis un autre encore pour les cinq dernières pages.

Word nous offre cette possibilité par les **sections**. Concrètement, il s'agira pour nous de « découper » notre document en autant de parties (sections) que nécessaire avant d'effectuer les modifications de mise en page désirées pour une section donnée.

Les sections permettent également de modifier la numérotation des pages ou le nombre de colonnes de texte.

Pour travailler les sections, ouvrez le document **La Mythologie illustrée** mis à votre disposition sur le réseau et enregistrez-le dans votre dossier sous le nom **La Mythologie illustrée VotrePrénom**.

Créer un saut de section

Nous voulons commencer notre document avec une image pleine page. Notre image étant plus large que haute, il va nous falloir changer l'orientation de la page pour la mettre à l'horizontal. Quant au texte du document sous la photo, il devra bien sûr rester à la verticale.

Nous devons donc créer une **section** pour créer une première page horizontale qui contiendra la photo :

- Cliquez pour positionner votre curseur au tout début du texte **LA MYTHOLOGIE** situé sous la première photo (votre curseur clignote à gauche de la lettre **L**).
- Dans l'onglet **Mise en page**, déroulez le bouton **Sauts de page** et dans la rubrique **Sauts de section**, cliquez sur **Page suivante**

- Aussitôt, le texte **LA MYTHOLOGIE** est chassé sur une nouvelle page.
- Remontez sur la page précédente qui vient de se créer pour visualiser votre saut de section (si vous ne voyez pas le saut de section, activez le bouton ¶ du groupe **Paragraphe** dans l'onglet **Accueil**).

¶···Saut de section (page suivante)···

A présent, il s'agit de mettre cette première section à l'horizontal, pendant que la suite de notre document reste à la verticale. Rien de plus facile : en fait, lorsqu'il s'agit de la mise en page du document, Word travaille automatiquement section par section.

Il nous suffit donc de veiller à ce que notre curseur soit bien positionné dans la section à modifier avant de changer l'orientation du papier :

- Cliquez juste avant le saut de section (ou même sur l'image).
- Dans l'onglet **Mise en page**, déroulez le bouton **Orientation** et cliquez sur **Paysage.**

C'est fait ! Si vous vérifiez dans **l'Aperçu avant impression**, vous constaterez que la première page s'est mise à l'horizontal, pendant que les suivantes sont sagement restées verticales.

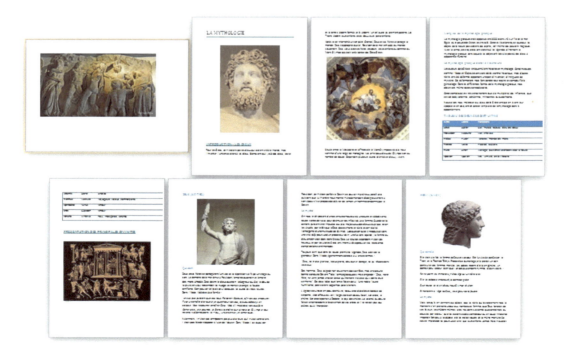

Poursuivons. Nous avons le même souci avec le tableau en bas de la quatrième page. Il est trop large pour la page, qu'il nous faut mettre à l'horizontal.

Comme les deux pages d'avant et toutes celles qui viennent après doivent rester verticales, il nous faut isoler notre tableau dans une section par deux sauts de section, un avant et un autre après le tableau.

- Commencez par cliquer pour positionner votre curseur à gauche du titre **Tableau des dieux grecs et latins**, qui doit bien sûr rester sur la même page que le tableau.
- Insérez votre saut de section (onglet **Mise en page**, déroulez le bouton **Saut de page** et sous la rubrique **Sauts de section**, cliquez sur **Page suivante**).
- Le titre et le tableau sont repoussés sur une nouvelle page
- Pour isoler notre tableau sur une page séparée, nous devons ajouter un second saut de section en dessous du tableau : cliquez sur la ligne vide juste en-dessous du tableau et à nouveau, insérez un saut de section **Page suivante.** Vous devez obtenir le résultat suivant :

Grec¤	Latins¤	Fonctions¤
Zeus¤	Jupiter¤	Ciel,·météo,·royauté,·dieu·des·dieux¤
Poséidon¤	Neptune¤	Mer,·chevaux¤
Hadès¤	Pluton¤	Tartares,·monde·des·morts¤
Hestia¤	Vesta¤	Habitat,·feu·sacré¤
Héra¤	Junon¤	Mariage,·puissance·fécondatrive·de·la·nature¤
Apollon¤	Apollon¤	Arts,·lumière,·art·divinatoire¤
Artémis¤	Diane¤	Chasse¤
Hermès¤	Mercure¤	Voyageurs,·voleurs,·commerçants¤
Aphrodite¤	Vénus¤	Amour¤
Eros¤	Cupidon¤	Amour¤
Athéna¤	Minerve¤	Paix,·intelligence,·Athènes¤

TABLEAU·DES·DIEUX·GRECS·ET·LATINS¶

Saut de section (page suivante)

Voilà, notre tableau est maintenant isolé dans une section bien à lui, que nous pouvons mettre à l'horizontal :

- Dans l'onglet **Mise en page**, déroulez le bouton **Orientation** et cliquez sur **Horizontal**.

Cela a parfaitement fonctionné mais par curiosité, nous allons aller voir dans les options de la mise en page ce qui s'est exactement passé :

- Dans l'onglet **Mise en page**, cliquez sur le bouton lanceur ⌐ en bas à droite du groupe **Mise en page**.
- La boîte de dialogue ci-dessous s'ouvre à l'écran.

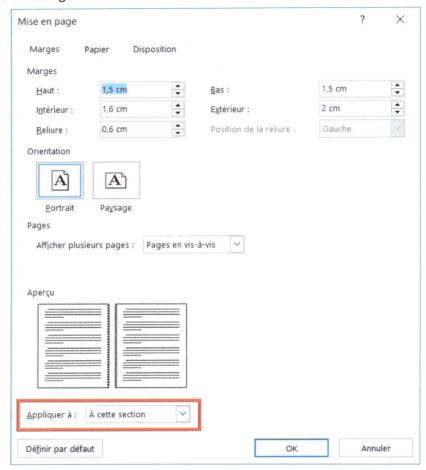

Regardez en bas de la fenêtre dans la zone **Appliquer à :** Word a automatiquement prévu de n'appliquer les changements qu'à la section active (celle dans laquelle se trouve votre curseur).

Si vous cliquez sur la flèche déroulante à droite de la liste, vous verrez qu'il vous est proposé d'appliquer votre changement « **A partir de ce point** » ou « **A tout le document** ».

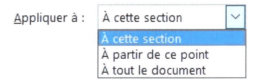

Ces options nous permettraient de changer la mise en page sur la section active et toutes les sections suivantes du document (option **A partir de ce point**) ou sur toutes les sections du document (option **A tout le document**).

Comme ce n'est pas ce que nous voulons, cliquez sur le bouton **Annuler** ou appuyer sur la touche **Echap** au clavier pour refermer la boîte de dialogue sans rien modifier.

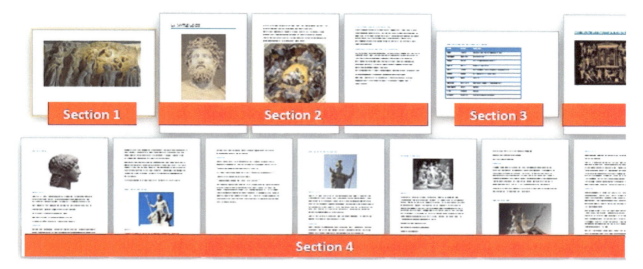

Nous allons maintenant passer à l'étape suivante relative aux sections. Il s'agira pour nous d'utiliser les sections pour créer des en-têtes ou des pieds de page différents dans le document.

Cette fois, la mise en place sera un peu différente car même si Word constate la présence de sections dans le document, chaque section reprend par défaut automatiquement l'en-tête et le pied de page de la section qui précède.

La faute (ou le mérite) en revient à un bouton activé par défaut, le bouton « **Lier au précédent** ».

Allons voir cela de plus près.

Les sections et les en-têtes ou pieds de page

Pour commencer, un petit rappel : l'en-tête et le pied de page sont des zones en haut et en bas de page qui permettent, si l'on y saisit quelque chose, de voir ce que l'on a saisi se répéter automatiquement sur toutes les pages du document.

Pour accéder à l'en-tête de page, rien de plus facile : il suffit de double-cliquer en haut de la page quelque part dans la marge haute au-dessus du texte (idem pour le pied de page sous le texte).

Vous pouvez également utiliser deux boutons : dans l'onglet **Insérer,** cliquez sur le bouton **En-tête** ou sur le bouton **Pied de page** puis sur **Modifier l'en-tête** ou sur **Modifier le pied de page**.

Lorsque vous accédez à la zone d'en-tête ou de pied de page, le texte du document devient plus pâle. Parallèlement, un nouvel onglet contextuel apparaît à droite des onglets fixes, l'onglet **Création**.

Double-cliquez en marge haute pour accéder à l'en-tête de page. Nous voulons accéder à la zone de pied de page : pour cela, soit nous utilisons la barre de défilement verticale à droite de l'écran, soit nous pouvons utiliser le bouton **Atteindre le pied de page** de l'onglet contextuel **Création**.

Nous voici en bas de page, dans la zone du **Pied de page**. Pour commencer, nous allons insérer le numéro de page à droite de la page. La page du document sur laquelle vous vous trouvez importe peu car le numéro va s'ajouter à toutes les pages :

- Utilisez le bouton **Suivant** ou **Précédent** de l'onglet contextuel **Création**, groupe **Navigation**, pour atteindre le pied de page de la section 2
- Appuyez deux fois sur la touche **Tabulation** du clavier pour vous positionner à droite de la zone du pied de page
- Dans l'onglet contextuel **Création**, cliquez sur **Numéro de page**, puis sur **Position actuelle**
- Descendez dans la liste des différents formats de numéros proposés pour accéder à la rubrique **Page X sur Y** puis cliquez sur **Numéros en gras**

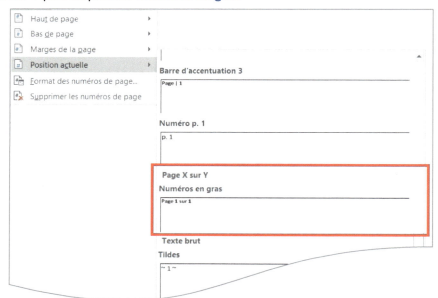

La numérotation de page s'est ajoutée aux pages de la section 2. Et les pages des autres sections ? Allons vérifier :

- Dans l'onglet contextuel **Création**, cliquez sur le bouton **Précédente** ou **Suivante** pour accéder aux autres sections du document. Oui, nos numéros de page y figurent bien.

C'est bien ce que nous voulions, donc pas de problème. Mais pourquoi le numéro de page s'est-il répété, alors que nous avons plusieurs sauts de section dans notre document ?

Pour le comprendre, positionnez-vous en section 2 de votre **pied de page** et regardez vers la droite : l'indication **Identique au précédent** est clairement visible. Cliquez sur le bouton **Suivante** pour atteindre la section 3 : l'indication est toujours visible, de même qu'en section 4 si vous allez la vérifier.

La présence de ces mots signifie que la section 2 est identique à la section 1, que la section 3 est identique à la section 2, la section 4 identique à la section 3 et ainsi de suite...

Pourquoi ? Tout simplement parce qu'un bouton est activé par défaut lors de la création des sections : le bouton **Lier au précédent**. Ce bouton se trouve dans l'onglet contextuel **Création**, groupe **Navigation**.

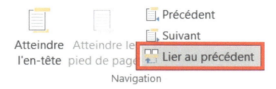

C'est ce bouton qui fait que chaque pied de page reprend automatiquement le contenu du pied de page de la section précédente.

Dans la mesure où nous voulons effectivement que notre pied de page soit identique sur toutes les pages, ne pas avoir à le demander pour chaque section nous convient tout à fait. Nous allons donc laisser le bouton **Lier au précédent** actif sur tous les pieds de page de toutes nos sections.

Il en va différemment pour le haut des pages. Nous voulons en effet créer des **en-têtes de page** qui, eux, pourront être différents selon les parties du document.

Par exemple, nous voulons que le titre **La mythologie** figure en haut à gauche de toutes les pages (excepté la première), et à droite le sujet abordé : Introduction, Zeus, Héra, Poséidon...

- Utilisez le bouton **Atteindre l'en-tête** pour remonter dans l'en-tête

- Si besoin cliquez sur le bouton **Suivant** ou **Précédent** jusqu'à vous être positionné dans l'en-tête de la section 2

- A gauche de l'en-tête, saisissez **La mythologie**

- Appuyez deux fois sur la touche tabulation du clavier pour positionner votre curseur à droite de la page et saisissez **Introduction**

- Prenez un instant pour observer votre écran : vous vous trouvez en section 2, le bouton **Lier au précédent** de l'onglet **Création** est activé (et par voie de conséquence l'information **Identique au précédent** s'affiche sous votre en-tête)

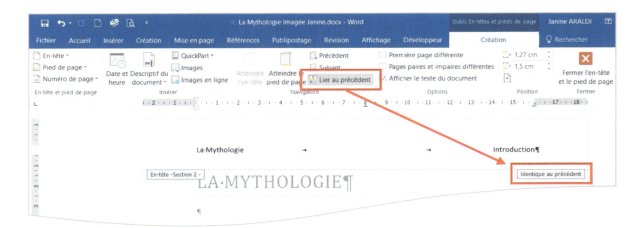

Oui mais, n'avions-nous pas dit que nous ne voulions pas d'en-tête sur la page 1 ? Que s'y est-il passé d'après vous ? Allons voir : cliquez sur le bouton **Précédent** de l'onglet contextuel **Création** pour revenir à l'en-tête de la section 1.

Hé oui, comme la section 2 indiquait « **identique au précédent** », ce que nous y avons saisi s'est répété en section 1.

Et en section 3 ? Cliquez deux fois sur le bouton **Suivant** pour aller vérifier.

Oui, bien sûr, la section 3 est elle aussi liée à la section précédente et reprend donc le contenu de la section 2. Bref, où que nous saisissions notre en-tête, il se répète dans toutes les sections puisque leur en-tête est par défaut toujours identique à celui de la section précédente.

Nous allons régler tout cela.

Rompre le lien entre deux sections

Pour commencer, revenez si besoin en section 2 et rompez le lien avec la section 1 :

- Cliquez une fois sur le bouton **Lier au précédent** de l'onglet contextuel **Création** pour le désactiver et rompre le lien avec l'en-tête de la section précédente.
- A droite de l'en-tête, l'indication **Identique au précédent** disparaît.

Vous pouvez maintenant cliquer sur **Précédent** pour remonter en section 1 et supprimer le texte saisi. Ceci fait, retournez en section 2 et vérifiez : le texte est bien resté intact.

 S'il s'agit de n'avoir __aucun__ en-tête et __aucun__ pied de page sur la première page du document, une autre méthode existe qui consiste à cocher l'option Première page différente *dans les options de mise en page (cliquez sur le bouton lanceur du groupe* Mise en page *dans l'onglet* Mise en page *et dans la boite de dialogue qui s'affiche, activez le troisième onglet).*

Attention cependant, chaque section créée dans le document aura dans ce cas un « premier en-tête » et « premier pied de page », ce qui peut prêter à confusion. Pour les besoins de notre exercice, n'activez pas l'option Première page différente*.*

Poursuivons : le prochain changement d'en-tête doit être effectué au niveau de la page 7, là où commence le texte sur le premier dieu présenté, à savoir **Zeus**. Après cela, notre en-tête changera pour chaque dieu cité (soit pour **Héra**, puis pour **Poséidon** et ainsi de suite…).

Mais pour pouvoir créer un en-tête spécifique à chaque dieu, nous devons avoir des sections. Or, nous ne les avons pas créées. Il nous faut donc avant toute chose insérer nos sauts de section.

- Refermez l'en-tête en cliquant sur le bouton **Fermer l'en-tête et le pied de page** ou en appuyant sur la touche **Echap** au clavier
- Positionnez votre curseur à gauche du titre **ZEUS (JUPITER)**
- Dans l'onglet **Mise en page,** cliquez sur le bouton **Saut de page** et insérez un saut de section **Page suivante**
- Recommencez pour **Héra**, puis pour chaque dieu du document jusqu'à **Aphrodite (Venus)**.

Nos sections sont créées. Nous allons maintenant pouvoir personnaliser nos en-têtes de page :

- Double-cliquez dans la marge en haut de page pour revenir dans la zone d'en-tête
- Utilisez les bouton **Suivant** ou **Précédent** pour vous positionner dans l'en-tête de ce qui devrait être votre section 5, la section traitant de **Zeus**
- Cliquez sur le bouton **Lier au précédent** pour le désactiver
- Effacez le texte **Introduction** pour saisir **ZEUS (JUPITER)** à droite de l'en-tête.

- Utilisez le bouton **Suivante** pour vous positionner dans la section **Héra** et faire de même… et ainsi de suite pour chaque dieu du document.

Et voilà qui est fait ! Vous pouvez si vous le souhaitez utiliser l'aperçu avant impression pour vérifier que chaque dieu commence bien sur une nouvelle page et dispose d'un en-tête personnalisé.

Enregistrez et refermez votre document **La Mythologie illustrée VotrePrénom**.

Exercice

Ouvrez le document **Histoire de la bureautique** mis à votre disposition sur le réseau et enregistrez-le dans votre dossier sous le nom **Histoire de la bureautique VotrePrénom**.

Effectuez les manipulations suivantes :
- Mettez le tableau **EXEMPLES DE LOGICIELS BUREAUTIQUES** page 2 sur une page en paysage
- Pour l'ensemble du document, ajoutez à gauche de l'en-tête le texte **Histoire de la bureautique**
- Chaque logiciel (Word, Excel et PowerPoint) doit commencer sur une nouvelle page avec à droite de l'en-tête le logo du logiciel (à récupérer dans le texte par un copier/coller) ; diminuer la taille de chaque logo à 2 cm environ de hauteur
- Dans le pied de page, insérer pour toutes les pages la date automatique à gauche et le numéro de page / le nombre de pages à droite

Vous devez obtenir le résultat suivant :

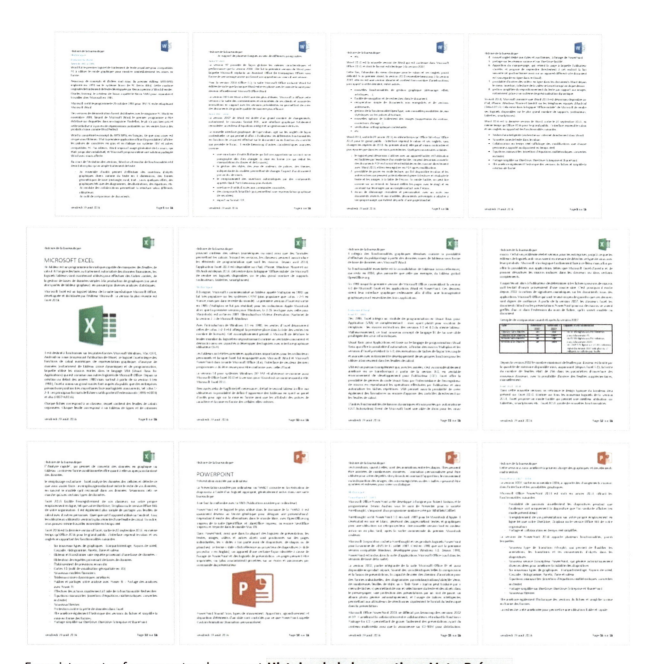

Enregistrez et refermez votre document **Histoire de la bureautique VotrePrénom**.

Les sections avec texte en colonne

Les sauts de sections permettent également de présenter un texte sur plusieurs colonnes, comme les colonnes d'un journal par exemple.

Il s'agira dans ce cas d'utiliser les sauts de sections continus, c'est-à-dire que les sauts de sections ne provoquent pas la création de nouvelles pages mais laissent le texte en continu sur la page existante.

L'exemple ci-dessous montre un texte dont les titres restent sur une colonne, tandis que le texte des paragraphes, ici depuis **Voici comment…** jusqu'à **sous nos jours**, se positionne sur deux colonnes grâce à deux sauts de section continus.

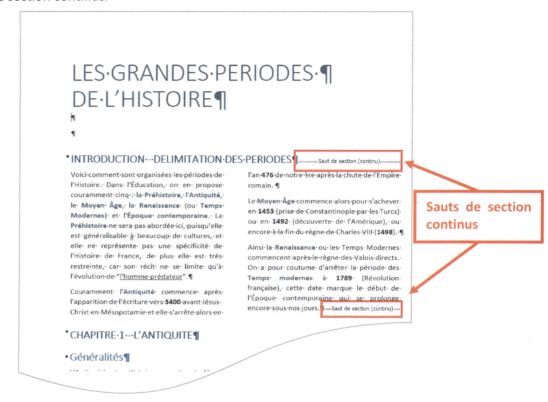

Comment procéder ? Nous pourrions insérer nous-mêmes les sauts de section pour isoler le texte à mettre sur plusieurs colonnes, mais l-Le plus simple dans ce cas est de laisser faire Word. Voyons comment.

Ouvrez le document **Les grandes périodes de l'histoire** et enregistrez-le dans votre dossier sous le nom **Les grandes périodes de l'histoire votre Prénom**.

Comme vous le voyez, tout le texte a été saisi normalement, sur une seule colonne. Nous voulons que les paragraphes se répartissent sur deux colonnes :

- Sélectionnez le premier texte à mettre en forme, à savoir depuis **Voici comment**... jusqu'à **sous nos jours**.
- Dans l'onglet **Mise en page**, cliquez sur le bouton **Colonnes** puis sur **Deux colonnes**. Aussitôt, Word répartit le texte sélectionné sur deux colonnes, laissant le reste du document sur une seule colonne.

Pour parvenir à ce résultat, deux sauts de sections continus ont été automatiquement ajoutés, l'un au début du texte sélectionné, l'autre à la fin du texte sélectionné (si vous ne les visualisez pas, activez le bouton **Afficher tout** ¶ dans l'onglet **Accueil**, groupe **Paragraphe**).

Ajouter une ligne séparatrice entre les colonnes

Vous pouvez ajouter une ligne verticale de séparation entre vos colonnes :

- Positionnez votre curseur dans le texte en colonnes.

- Dans l'onglet **Mise en page**, déroulez à nouveau le bouton **Colonnes** et cliquez cette fois sur **Autres colonnes**.
- Dans la boite de dialogue qui s'affiche, cochez l'option **Ligne séparatrice**.

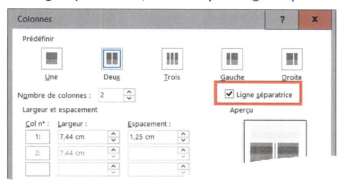

- Une ligne verticale vient séparer les deux colonnes du texte.

Exercice

- Sélectionnez le texte sous le titre **Généralités** du **Chapitre 1 – L'antiquité** (depuis *L'Antiquité est en Histoire…* jusqu'à …*l'Époque moderne (pas de Moyen Âge)*).
- Présentez-le sur 3 colonnes avec lignes séparatrice
- Changez la présentation pour un texte sur 2 colonnes sans ligne séparatrice

- Recommencez l'opération pour les autres portions de texte du document, toujours en laissant les titres présentés sur une seule colonne.

Enregistrez et refermer votre document **Les grandes périodes de l'histoire votre Prénom**.

LES OPTIONS D'IMPRESSION AVANCEES

Word offre plusieurs possibilités lors de l'impression de votre document. Par exemple, vous pouvez choisir d'imprimer deux pages par feuille ou plus encore, vous pouvez demander à présenter différemment les pages paires et les pages impaires ou encore vous pouvez imprimer votre document sous forme de livret.

Pour les manipulations suivantes, ouvrez le fichier **Bureautique pour options d'impression** et enregistrez-le dans votre dossier sous le nom **Bureautique pour options d'impression VotrePrénom**.

Imprimer plusieurs pages par feuille

Vous pouvez très facilement demander à ce que votre document Word s'imprime avec plusieurs pages par feuille de papier. La manipulation est simple mais pensez à ne pas écrire votre texte en police trop petite, car il devient vite illisible.

- Cliquez sur l'onglet **Fichier** puis sur **Imprimer**.
- Dans la boite de dialogue qui s'affiche, descendez pour visualiser la dernière option de la zone **Paramètres**
- Sélectionnez le nombre de pages à imprimer sur chaque feuille de papier, par exemple **2 pages par feuille**

Un léger problème se pose : l'aperçu avant impression ne tient pas compte du nombre de pages choisi.
Si vous souhaitez vérifier le résultat de votre option d'impression, imprimez par exemple les deux premières pages du document :
- Dans la zone **Pages :**, saisissez **1-2**
- Cliquez sur le bouton **Imprimer** pour lancer l'impression

Imprimer un Livret

Vous pouvez également vouloir non seulement deux pages par feuille, mais aussi plier les feuilles pour présenter votre document sous forme de **livret recto/verso**. Dans ce cas, il vous faut préparer la mise en page de votre document et demander la présentation en livret.

A l'impression, Word réordonne automatiquement les pages afin qu'elles s'impriment dans le bon ordre pour constituer le livret.

A noter cependant que vous pourrez être contraint de repositionner ou redimensionner certains éléments du document.

Rouvrez au besoin votre document **Bureautique pour options d'impression VotrePrénom**

- Dans l'onglet **Mise en page**, cliquez sur le bouton lanceur du groupe **Mise en page**.
- Dans la boite de dialogue qui s'affiche à l'écran, activez l'onglet **Marges** et choisissez **Disposition Livre** dans la zone **Afficher plusieurs pages**
- Word active automatiquement l'orientation **Paysage**.
- Réduisez les marges **Haut** et **Bas** à 1,5 cm et les marges **Intérieur** et **Extérieur** à 1 cm.
- Sélectionnez 0,5 cm dans la zone **Reliure** afin de ménager un espace supplémentaire au niveau du pliage.

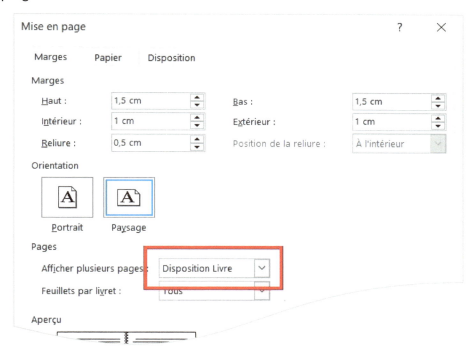

 Vous pouvez utiliser la liste **Feuillets par livret** *pour sélectionner le nombre de pages à inclure dans un même livret. Si le nombre de pages du document dépasse le nombre de pages que vous indiquez ici, Word imprimera le document dans plusieurs livrets.*
En ce qui nous concerne, nous voulons imprimer toutes les pages dans un seul livret, nous laisserons donc **Tous** *sélectionné.*

- Validez votre mise en page et vérifiez votre document pour rectifier si besoin le positionnement des images et autres éléments.

Passons à l'impression à proprement dit de notre livret :

- Dans le l'onglet **Fichier**, cliquez sur **Imprimer**

- Définissez les options nécessaires à une impression recto/verso

    - si votre imprimante gère automatiquement ce procédé, sélectionnez directement l'option **Recto-verso** sous **Paramètres** ou cliquez sur **Propriétés de l'imprimante** pour trouver l'option dans les réglages de l'imprimante

    - si vous n'utilisez pas d'imprimante recto verso, sélectionnez l'option **Imprimer manuellement en recto verso**. Word imprimera toutes les pages qui se trouvent d'un côté du papier, puis vous invitera à retourner la pile et à réinsérer les feuilles.

- Lorsque toutes les feuilles sont imprimées, il vous suffit de les plier en deux pour obtenir un livret.

LES IMAGES

Insérer une image pour agrémenter un texte Word est devenu chose commune. Mieux vaut cependant savoir comment gérer votre image après son insertion car Word ne réagit pas toujours comme vous le souhaiteriez.

En effet, une image peut être gérée de deux façons différentes dans un document Word :

- **Image "flottante"** : image positionnée dans la page de façon indépendante des lignes de texte. L'image "flotte" sur la page et peut être déplacée par simple cliquer-glisser de la souris.

- **Image alignée sur le texte** : image ajoutée dans le texte à la position du curseur. L'image obéit aux mêmes règles que le texte (alignements, retraits ou espacement de paragraphes…)

L'option choisie impactera d'une part la façon dont vous pourrez placer l'image dans la page, d'autre part la façon dont le texte se placera par rapport à l'image (autour, derrière, devant…)

Insérer une image

Pour effectuer les manipulations suivantes, ouvrez le document **La Mythologie pour images** et enregistrez-le dans votre dossier sous le nom **La Mythologie pour images VotrePrénom**.

Insérer une image à partir d'un fichier

- Cliquez pour positionner votre curseur sur la ligne vide en-dessous du titre **La Mythologie** dans la première page.

- Dans l'onglet **Insérer**, cliquez sur le bouton **Image** du groupe **Illustrations**.

Images

- Recherchez l'image **La Mythologie1.jpg** mise à votre disposition sur le réseau puis double-cliquez sur l'image pour l'insérer.

- C'est fait, l'image apparait dans votre document. Par défaut, les images s'insèrent comme graphismes alignés sur le texte et non en graphismes flottant. Notre image, particulièrement large, occupe toute la ligne de texte.

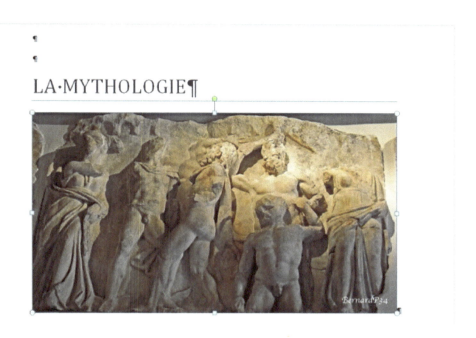

Modifier la taille d'une image

En fait, notre image est trop grande. Pour réduire sa taille, nous allons cliquer sur l'image pour faire apparaître ses poignées de redimensionnement (il s'agit des huit petits cercles ou carrés sur les bords de l'image). Nous ne voulons pas risquer de la déformer, nous allons donc viser et cliquer sur le cercle en bas à droite de l'image (toute autre poignée **d'angle** conviendrait également) puis cliquer-glisser vers le centre de l'image pour la réduire.

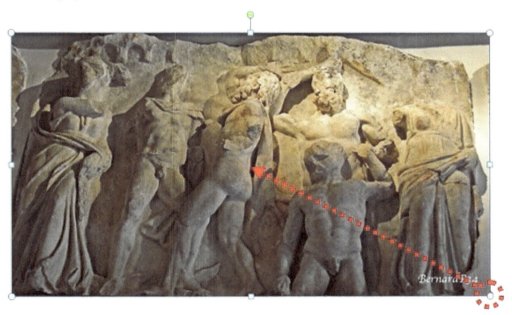

Cette méthode est rapide et visuelle, mais vous pouvez avoir besoin de donner une taille précise à votre image. Dans ce cas, procédez comme suit :

- Cliquez à nouveau sur votre image pour faire apparaître l'onglet contextuel **Format** (cet onglet contient de nombreuses fonctionnalités dédiées aux images)

- A droite de l'onglet, le groupe **Taille** affiche la taille de l'image en hauteur et en largeur : modifiez la hauteur à 5 cm précisément (la largeur s'adaptera automatiquement pour éviter la déformation de l'image).

Positionner une image (habillage)

Par défaut, toute image insérée dans un document est **alignée sur le texte** et non **flottante**.

Cela signifie que l'image est gérée comme du texte et que vous ne pourrez donc pas la placer où vous voulez mais devez la gérer comme vous gèreriez un texte (très gros texte, certes, mais texte quand même !).

L'avantage de cette option est que nous allons pouvoir centrer très simplement notre image dans la page :

- Cliquez sur l'image puis sur le bouton d'alignement **Centré** de l'onglet **Accueil**, groupe **Paragraphe**. C'est fait, votre image se centre sur la page.

  Testez l'alignement droit ou gauche, l'image se repositionne sur la ligne.

  Revenez à un alignement centré.

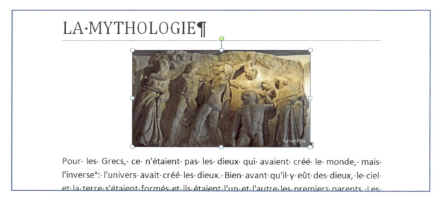

Nous allons maintenant insérer une seconde image, que nous choisirons cette fois de rendre « flottante ». Descendez sur la deuxième page du document et positionnez votre curseur au début du paragraphe situé sous le titre **La mythologie grecque dans la littérature**.

- Dans l'onglet **Insérer**, cliquez sur le bouton **Image** et sélectionnez l'image **La Mythologie2.jpg**.
- Comme précédemment, l'image se positionne elle aussi en alignement avec le texte.

  Avant de nous occuper de cette option, nous voulons réduire sa taille : dans l'onglet contextuel **Mise en forme**, diminuez la taille de l'image à 4 cm de hauteur.

- Toujours dans l'onglet contextuel **Mise en forme**, cliquez sur le bouton **Habillage** et sélectionnez l'option **Rapproché** pour indiquer que vous souhaitez que le texte se positionne autour de l'image de façon rapprochée.

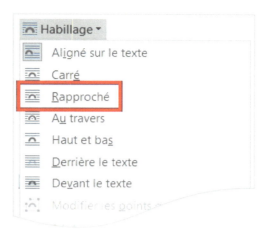

 Vous pouvez également utiliser le bouton **Habillage** qui s'affiche à droite de l'image sélectionnée pour changer l'habillage d'une image.

Le texte se repositionne aussitôt autour de l'image, qui n'obéit plus désormais aux mêmes règles d'alignement et de mise en forme que les paragraphes.

Nous allons déplacer notre image plus au centre du paragraphe :

- Visez le centre de l'image et cliquez-glissez dessus pour la déplacer sur la page. Le texte se repositionne automatiquement autour de l'image pour l'encadrer.

*Lorsque vous rendez une image flottante, il faut savoir qu'elle se "raccroche" automatiquement à un paragraphe, avec lequel elle se déplacera en cas de modifications dans le document. Lorsque l'image est sélectionnée, le paragraphe en question est marqué par le symbole ⚓ en marge gauche (si l'ancre n'apparaît pas lorsque vous sélectionnez l'image, vérifiez que le bouton **Afficher** ¶ de l'onglet **Accueil** est bien actif).*

Evitez d'ancrer l'image à un paragraphe vide de texte, car vous pourriez facilement supprimer celui-ci en oubliant que l'image disparaîtra avec lui. Pour déplacer l'ancre, cliquez-glissez dessus pour la repositionner face à un paragraphe contenant du texte.

Descendez maintenant dans les pages du document pour trouver le chapitre concernant le dieu **Zeus**. Insérer l'image **Zeus.jpg** et choisissez à nouveau l'habillage **Rapproché**.

Un autre problème se pose à nous : l'image est trop haute, nous voudrions enlever le bas pour ne conserver que le buste de la statue. Il s'agit de "**rogner**" l'image, opération qui consiste à ne conserver que la partie qui nous intéresse.

Rogner une image

- Cliquez sur l'image
- Dans l'onglet contextuel **Mise en forme**, cliquez sur le bouton **Rogner**.

Rogner

- Des marques noires apparaissent sur les bordures de l'image, sur chaque côté et à chaque angle.
- Visez la marque qui se situe en bas et au milieu de l'image jusqu'à ce que le pointeur de votre souris change de forme et prenne l'aspect d'un petit **T** noir.
- Cliquez et glissez vers le haut (la partie rognée devient grisée).
- Pour valider le rognage, cliquez à nouveau sur le bouton **Rogner,** cliquez en dehors de l'image ou appuyez sur la touche **Echap** au clavier.

Faire pivoter une image

Lorsque vous cliquez sur une image, vous voyez une flèche ronde apparaître au-dessus de l'image. Il s'agit d'une **poignée** permettant de faire pivoter l'image.

- Visez cette poignée verte à l'aide de votre souris jusqu'à ce que votre pointeur change de forme

- Cliquez-glissez vers la gauche ou vers la droite puis vers le bas, comme s'il s'agissait de dessiner un cercle : l'image pivote sur elle-même.

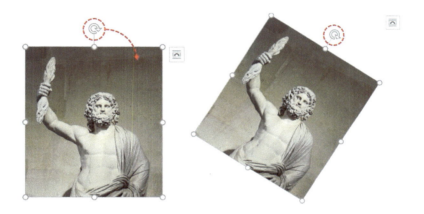

 Pour faire pivoter une image, vous pouvez également utiliser le bouton **Rotation** *de l'onglet contextuel* **Mise en forme**
Ce même bouton vous permet de plus de retourner horizontalement ou verticalement une image pour obtenir un effet « miroir »

Exercice

Descendez dans le texte pour trouver le chapitre sur **Héra** et insérez puis retravaillez l'image **Héra.jpg** telle que présentée ci-dessous.

HERA·(JUNON)¶

Qui·est-elle¶

Elle·était·à·la·fois·la·femme·de·Zeus·et·sa·sœur.·Elle·fut·élevée·par· Océan,·le·Titan,·et·la·Titanide·Téthys.·Protectrice·du·mariage,·elle· prenait·un·soin·particulier·des·femmes·mariées.·Les·poètes·tracent· d'elle,·en·général,·un·portrait·peu·flatteur,·bien·que·l'un·des·plus· anciens·hymnes·la·décrive·ainsi·:¶

Reine·parmi·les·immortels,·Héra·siège·sur·un·trône·d'or.·¶

Elle·les·dépasse·en·beauté,·la·dame·de·gloire¶

Utiliser les styles d'image

Les styles d'image vous permettent de retravailler très rapidement l'aspect de votre image.

-   Cliquez sur l'image d'**Héra** et activez l'onglet contextuel **Mise en forme**.

-   Cliquez sur la flèche **Autres** du groupe **Styles d'images** et testez les différents styles proposés.

Mettre une image en filigrane

Mettre une image en filigrane vous permet de l'éclaircir pour, par exemple, la mettre en arrière-plan de votre texte.

-   Insérez l'image **Poséidon.jpg** dans le paragraphe correspondant **Poséidon (Neptune)**.

    Pour l'instant, laissez l'image alignée sur le texte. Sélectionnez-la et dans l'onglet contextuel **Mise en forme**, effectuez les manipulations suivantes :

    -   Déroulez le bouton **Couleurs**

    -   Dans le groupe **Recolorier**, cliquez sur **Estompé**

Recolorier

- A présent, pour positionner l'image en arrière-plan du texte, effectuez la manipulation suivante :

    - Dans l'onglet contextuel **Mise en forme**, déroulez le bouton **Habillage** et choisissez l'option **Derrière le texte**

    - Cliquez-glissez sur l'image pour la repositionner dans la page.

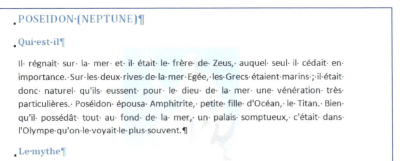

Si le texte recouvre complètement votre image, vous ne pourrez plus cliquer dessus pour la sélectionner. Dans ce cas, déroulez le bouton Sélectionner dans l'onglet Accueil et cliquez sur Sélectionner les objets.
Vous pourrez alors cliquer sur votre image le temps de la modifier. Appuyez sur Echap au clavier pour désactiver le bouton et revenir à un mode de sélection normal.

Enregistrez votre fichier **La Mythologie pour images votre Prénom**.

LES FORMES ET LES ZONES DE TEXTE

De la même façon que vous pouvez enrichir votre texte d'images, vous pouvez choisir d'y insérer des formes dessinées telles que des flèches ou des formes géométriques. A noter que contrairement aux images, les formes s'insèrent flottantes et non alignées sur le texte.

Pour les manipulations suivantes, rouvrez si nécessaire votre fichier **La Mythologie pour images votre Prénom** et revenez à la page concernant **Poséidon (Neptune)**, dans laquelle nous voulons par exemple insérer une flèche.

Insérer une forme

- Dans l'onglet **Insérer**, déroulez le bouton **Formes** et cliquez une fois sur la flèche pleine pointant vers la gauche ⇦ pour l'activer.

- Visez un endroit vide de la page et cliquez-glissez pour tracer la taille de la flèche.

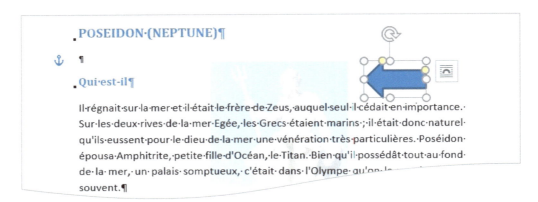

 Les formes possèdent les mêmes poignées que les images. A l'inverse des images cependant, un cliquer-glisser sur une des poignées d'angles ne garantit pas le respect de la proportion hauteur/largeur.

Par ailleurs, certaines formes comme notre flèche laissent apparaître des losanges jaunes qui vous permettent de retravailler les caractéristiques de la forme (ici par exemple la taille de la tête de la flèche et la largeur du corps).

Rajouter du texte à l'intérieur d'une forme

Vous pouvez tout à fait rajouter du texte à l'intérieur de vos formes dessinées :

- Cliquez sur la flèche et saisissez tout simplement le texte **Poséidon** (alternativement, vous pouvez également cliquer droit sur la forme plus cliquer sur **Ajouter du texte**).

Modifier les couleurs d'une forme

- Dans l'onglet contextuel **Format**, groupe **Styles de forme**, choisissez une mise en forme prédéfinie (ci-dessous style **Effet intense Bleu**) ou utilisez les boutons **Remplissage de forme** et **Contour de forme** du même groupe pour personnaliser votre forme à votre guise.

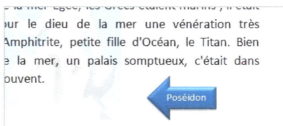

Insérer une zone de texte

Bien que, comme nous venons de le voir, toute forme close peut contenir du texte, vous avez également la possibilité d'insérer une zone de texte dans votre document. Par opposition aux formes, les zones de texte n'ont par défaut aucune couleur de remplissage.

- Dans votre document **La Mythologie pour images votre Prénom** descendez au niveau du paragraphe concernant **PALLAS ATHENA (MINERVE)** puis :
  - Dans l'onglet **Insertion / Insérer**, cliquez sur **Zone de texte**
  - Cliquer sur **Insérer une zone de texte** en bas de la liste
  - Cliquez-glissez sur la page pour tracer la taille de la zone de texte
  - Saisissez le texte tel que présenté dans la zone de texte ci-dessous :

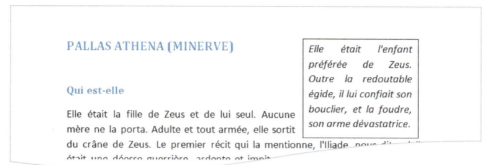

 Pour mettre en forme votre zone de texte, utilisez les mêmes outils que pour la mise en forme des formes (voir plus haut).

LES OBJETS WORDART

Les objets **WordArt** sont des textes aux mises en forme très élaborées.

TIP TOP FORMATION

Pour les manipulations suivantes, rouvrez si nécessaire votre fichier **La Mythologie pour images VotrePrénom**

Insérer un objet WordArt
- Revenez au tout début du texte et cliquez sur la ligne vide au-dessus du titre du document.
- Dans l'onglet **Insertion / Insérer** cliquez sur le bouton **WordArt** du groupe **Texte**.
  Une liste de styles prédéfinis vous est proposée :

- Cliquez sur le style **Remplissage dégradé : Or, Couleur d'accentuation 5, Réflexion** (en encadré rouge ci(dessus) et dans la zone qui s'insère à l'écran, saisissez le texte **Les Dieux de l'Olympe**.

Les Dieux de l'Olympe

Modifier un objet WordArt

De nombreuses options existent pour vous permettre de personnaliser votre texte WordArt. Pour les découvrir, sélectionnez votre WordArt et dans l'onglet contextuel Format, utilisez les outils proposés.

Changer l'alignement

L'objet WordArt s'insère dans le document avec l'habillage Devant le texte. Pour modifier ce choix, cliquez sur l'objet et utilisez le bouton Habillage de l'onglet contextuel Format, groupe Organiser.

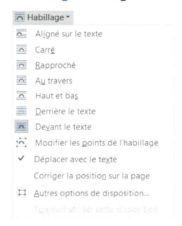

Modifier la taille

- Sélectionnez votre objet WordArt et dans l'onglet contextuel Format, groupe Taille, modifier les dimensions indiquées dans les zones Hauteur et Largeur.

Utiliser les styles prédéfinis

Vous avez utilisé un style prédéfini au moment de la création de votre texte WordArt. Tout comme pour les images, les styles sont ici encore le moyen le plus rapide pour changer instantanément la mise en forme de votre texte. N'hésitez donc pas à tester les différents styles proposés.

- Sélectionnez votre objet WordArt et dans l'onglet contextuel Format, cliquez sur le bouton Autres de la galerie Styles WordArt puis cliquez sur l'un des styles proposés.

En complément des mises en forme proposées par les styles, vous pouvez personnaliser les couleurs du texte en utilisant les boutons Remplissage du texte ou Contour du texte pour modifier respectivement la couleur de remplissage des lettres ou le trait sur le contour des lettres du **WordArt**.

Déformer le texte

- Dans l'onglet contextuel **Format**, cliquez sur le bouton **Effet du texte** ⒜ Effets du texte ⌄ puis sur **Transformer** 𝓪𝓫𝓬 Transformer ▸

- Appliquez l'une des formes proposées (ci-dessous la forme **Triangle vers le bas**)

Les Dieux de l'Olympe

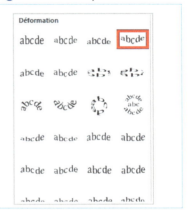

Ajouter un effet sur le texte (ombre, 3D, rotation...)

- Dans l'onglet contextuel **Format**, déroulez le bouton **Effet du texte** et choisissez l'effet voulu

A CE POINT DU MANUEL, REALISER DES EXERCICES DE MISE EN APPLICATION POUR VALIDER LES CONNAISSANCES ACQUISES

Word 2013 – 2016

Niveau 3 – Avancé

Modèles et Formulaires

Styles et Table des matières

Révision et suivi des modifications

Thèmes

Personnaliser Word

LES MODELES

Les modèles Word sont des matrices pouvant être utilisées lors de la création de nouveaux documents. Un modèle peut inclure non seulement du texte prédéfini, mais aussi toutes sortes d'éléments : un tableau, un en-tête, une mise en page, des macros...

Un exemple typique de modèle est le fax, que l'on n'écrit jamais en partant d'un document vierge. Les modèles présentent de plus l'avantage d'être immédiatement et aisément accessibles.

Il existe de nombreux modèles prédéfinis proposés par Word, aussi variés qu'intéressants. Allons les découvrir avant d'apprendre à créer et à utiliser un modèle bien à nous.

Utiliser un modèle Word prédéfini

- Dans l'onglet **Fichier**, cliquez sur **Nouveau**
- Une liste de modèles s'affiche à l'écran (rapports, CV, lettres...). Si vous cliquez sur l'un d'eux, Word crée aussitôt un nouveau document basé sur le modèle.

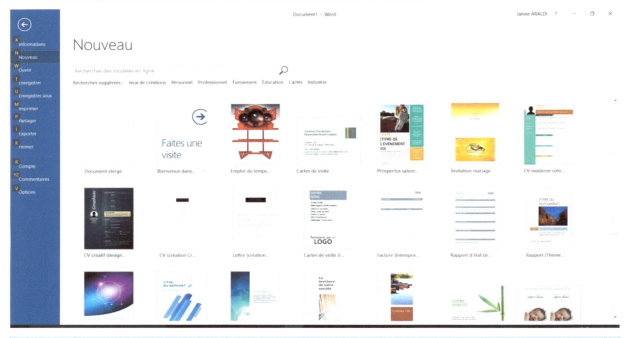

*Si vous avez accès à Internet, de très nombreux autres modèles sont également disponibles sur le site de Microsoft. Vous pouvez y accéder en cliquant dans la zone **Rechercher des modèles en ligne** et en saisissant un ou plusieurs mots-clés.*
*Vous pouvez également cliquer sur l'une des recherches suggérées sur l'un des icônes de la rubrique **Modèles Office.com** ou **Microsoft Office Online** et en téléchargeant le fichier sur votre ordinateur.*

Créer un nouveau modèle

Tout document Word peut être enregistré comme modèle. Pour votre premier modèle, vous allez enregistrer un modèle de fax.

- Créez un nouveau document vierge et saisissez le texte et le tableau ci-dessous.

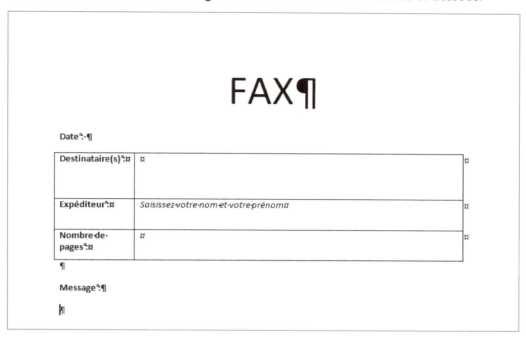

Pour enregistrer ce document en tant que modèle, procédez comme suit :

- Dans l'onglet **Fichier,** cliquez sur **Enregistrer sous**.
- Dans la boîte de dialogue qui s'ouvre à l'écran, cliquez à droite dans la zone **Entrer le nom du fichier** ici et saisissez le nom de votre modèle, **Fax VotrePrénom** (Fax suivi de votre prénom)
- Cliquez sur la flèche déroulante de la zone **Type de fichier** juste en dessous de la zone de nom et sélectionnez **Modèle Word.**

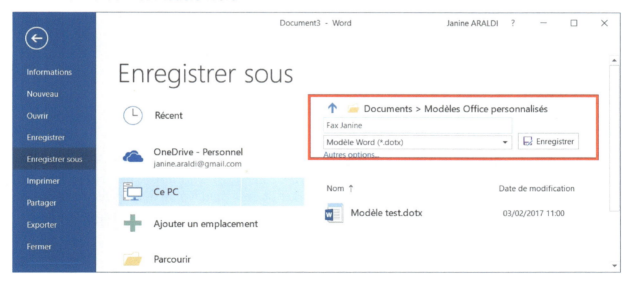

- A noter que sitôt que vous choisissez l'option **Modèle Word** dans la liste des types de fichiers, Word vous propose d'enregistrer votre modèle dans le dossier réservé spécifiquement aux modèles : le dossier **Modèles Office personnalisés**.

Par défaut, ce dossier se situe dans le dossier **Documents** de l'utilisateur

- Cliquez sur **Enregistrer** pour valider la création de votre modèle
- <u>Refermez maintenant votre modèle</u>, car il s'agit de notre original et ne doit pas être modifié. Pour l'utiliser, il vous suffira de suivre la procédure **Utiliser un modèle personnel** décrite ci-après... ce que nous vous proposons de faire sans attendre pour vérifier que votre modèle de fax fonctionne correctement !

Utiliser un modèle personnel

Pour utiliser un modèle que vous avez créé, la procédure est sensiblement identique à celle suivie pour l'utilisation d'un modèle proposé par Microsoft :

- Dans l'onglet **Fichier**, cliquez sur **Nouveau**
- Dans la fenêtre qui s'ouvre à l'écran, cliquez sur <u>**PERSONNEL**</u> afin d'afficher la liste des modèles créés par l'utilisateur au lieu de la liste des modèles proposés par Microsoft
- Votre modèle **Fax VotrePrénom** s'affiche, double-cliquez dessus pour l'utiliser et créer votre nouveau document.

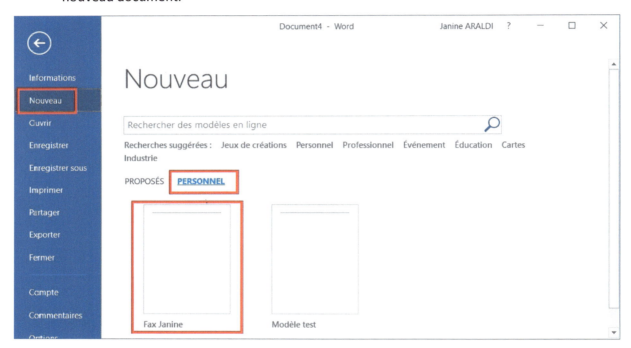

 Lorsque l'on fait appel à un modèle, c'est bien un <u>nouveau document</u> qui se crée et non le modèle qui s'ouvre : cela signifie que vous pouvez modifier le document à volonté et l'enregistrer sous le nom de votre choix sans que le modèle en soit modifié pour autant.

Le modèle par défaut Normal.dotm

Sans le savoir, vous utilisez en fait un modèle depuis le début de la formation : le modèle **Normal.dotm**, le plus important modèle de Word, celui qui permet de créer... une page vierge !

Vous faites appel à lui chaque fois que vous relancez Word et qu'une page vierge vous est proposée ou chaque fois que vous cliquez sur **Document vierge** dans **Fichier / Nouveau**.

Modifier un modèle

Imaginons maintenant que vous deviez corriger ou mettre à jour votre modèle. Pour ouvrir un modèle, suivez la procédure suivante :

- Dans l'onglet **Fichier**, cliquez sur **Ouvrir**

- Cliquez sur le bouton **Parcourir** dans la liste de gauche

- Parcourez l'arborescence et ouvrez le dossier **Documents** puis le dossier **Modèles Office personnalisés**

- Double-cliquez sur le modèle à modifier pour l'ouvrir

- Effectuez les modifications nécessaires, enregistrez puis refermez le modèle afin de pouvoir l'utiliser par la commande **Nouveau**.

Modifier le modèle Normal.dotm

Nous vous avons parlé du modèle par défaut de Word, celui que vous utilisez chaque fois que vous créez un nouveau document vierge.

Le modèle **Normal.dotm** se trouve dans un dossier difficile d'accès, bien différent de celui des modèles créés par l'utilisateur (normalement *C:\Users\nom d'utilisateur \AppData \Roaming \Microsoft\Templates)*.

Pour modifier **Normal.dotm**, il existe heureusement un raccourci : le bouton **Définir par défaut**, que l'on trouve dans certaines boites de dialogue et qui vous évite d'aller vous-même ouvrir le modèle **Normal.dotm** pour le modifier.

Le bouton **Définir par défaut** se trouve dans les boites de dialogue **Police**, **Paragraphe** et **Mise en page** (nous vous rappelons que pour ouvrir ces fenêtres, vous devez cliquer sur leur bouton lanceur en bas à droite de leurs groupes respectifs dans le ruban).

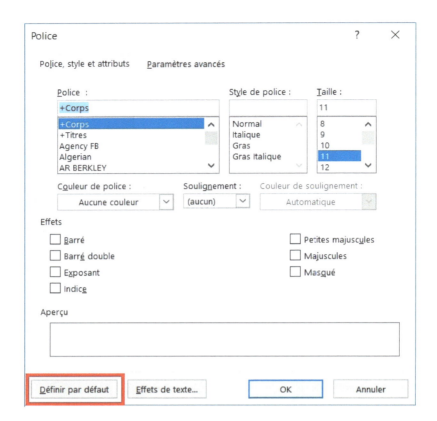

A CE POINT DU MANUEL, REALISER DES EXERCICES DE MISE EN APPLICATION POUR VALIDER LES CONNAISSANCES ACQUISES

LES FORMULAIRES

Quand dans un document type, les variables sont nombreuses et correspondent à des réponses brèves, il est conseillé d'utiliser les champs de formulaires comme code d'arrêt afin de faciliter la saisie des informations.

Un formulaire est composé de zones « fixes », non modifiables, et de zones « variables » dans lesquelles l'utilisateur du formulaire saisit les réponses.

Pour pouvoir être utilisé, le formulaire devra être « protégé », ne permettant ainsi de modifications que dans les champs de formulaire. De plus, le formulaire sera plus aisément exploitable s'il est enregistré comme **modèle de document**.

Afficher l'onglet Développeur

Avant tout, pour pouvoir travailler avec les formulaires Word, il est nécessaire d'afficher l'onglet **Développeur** du ruban. Cet onglet particulier, largement destiné à la programmation, n'est pas visible lors de l'installation par défaut de Word. Pour l'afficher, suivez la procédure suivante :

- Dans l'onglet **Fichier**, cliquez sur **Options** puis sur **Personnaliser le ruban**

- Dans la liste à droite de la fenêtre, cochez l'option **Développeur**

- Le nouvel onglet **Développeur** s'ajoute aux onglets disponibles dans le ruban

Nous voulons par exemple créer un formulaire pour demander à nos clients d'envoyer des pièces manquantes à leur dossier.

- Créez un nouveau document Word et enregistrez-le sous le nom **Formulaire demande de document**.

- Commencez par saisir la partie invariable de notre lettre comme indiqué ci-dessous :

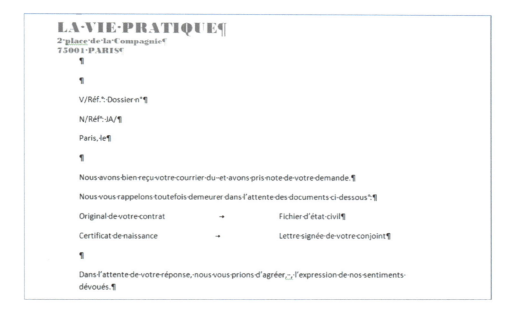

Les champs de saisie

Nous allons maintenant prévoir les zones de saisie. Commençons par prévoir l'adresse du destinataire. Il s'agit ici d'insérer des champs de saisie de texte :

- Activez l'onglet **Développeur** et dans le groupe **Contrôles**, déroulez le bouton **Outils hérités**

- Sous **Formulaires hérités**, cliquez sur le bouton **Zone d'édition** abl

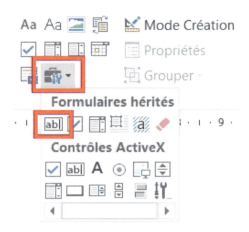

- Un champ de formulaire est ajouté dans le document

- Appuyez sur le touche clavier **Entrée** pour créer un nouveau paragraphe puis ajoutez un second champ de saisie de texte par le bouton **Zone d'édition** abl

- Recommencez jusqu'à obtenir 4 lignes d'adresse

- Supprimer les espacements des paragraphes et effectuez un retrait gauche de 9 cm pour obtenir le résultat ci-dessous :

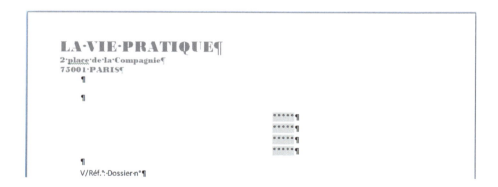

Passons au numéro de dossier : il s'agit à nouveau d'un champ de saisie, mais cette fois nous voulons nous assurer que seuls des chiffres pourront être saisis.

- Cliquez pour positionner votre curseur à droite de **Dossier N°** et insérez à nouveau un champ **Zone d'édition** abl

- Cliquez sur le bouton **Propriétés** du groupe **Contrôles** (bouton également accessible par un clic droit sur le champ). Une fenêtre s'affiche à l'écran ; déroulez la zone **Type :** et sélectionnez **Nombre**.

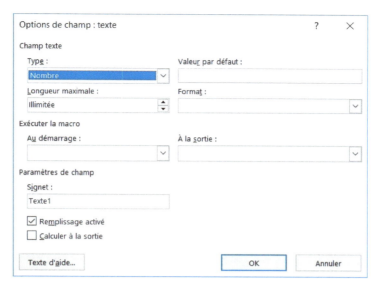

Enregistrez votre document. Avant d'aller plus loin, testons déjà ces quelques champs. Pour cela, il nous faut activer la protection du formulaire, ce qui aura pour effet de verrouiller le reste du document contre toute modification et de ne laisser que les champs de formulaire disponibles pour la saisie.

Activer la protection du formulaire

- Dans l'onglet **Développeur**, groupe **Protéger**, cliquez sur le bouton **Restreindre la modification** pour afficher le volet du même nom à droite de la fenêtre Word
- Cochez l'option **Autoriser uniquement ce type de modifications dans le document** et dans la liste correspondante, sélectionnez **Remplissage de formulaires**
- Validez en cliquant sur le bouton **Oui, activer la protection**.

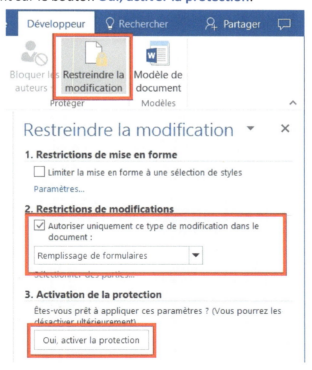

- Un message s'affiche, validez par **OK** sans prévoir de mot de passe.

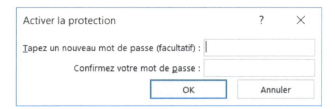

Testez la protection en essayant de modifier le texte en-dehors des champs de formulaire : impossible. Le formulaire est maintenant prêt à être utilisé :

- Cliquez sur le premier champ d'adresse et saisissez **Madame Michèle DELARUE**

- Pour passer au champ suivant, appuyez sur la touche **tabulation** au clavier

- Saisissez **10 rue de la Passerelle**, appuyez sur **tabulation** puis saisissez **78000 Versailles** et à nouveau **tabulation**. La quatrième zone de saisie ne contiendra aucune information, appuyez une fois encore sur tabulation

- Nous avons prévu que le champ **Dossier n°** n'accepterait que la saisie de chiffres : essayez de saisir quelques lettres et appuyez sur **tabulation**. Comme vous le voyez, la saisie échoue. Recommencez en saisissant cette fois **35200** suivi de **tabulation** : cette fois, aucun problème, le champ accepte votre saisie.

Nous allons poursuivre mais avant cela, il nous faut désactiver la protection du document pour pouvoir le modifier en ajoutant de nouveaux champs.

- Dans le volet **Restreindre la modification**, cliquez sur le bouton **Désactiver la protection** (si le volet n'est pas affiché, cliquez sur le bouton **Restreindre la modification** pour l'afficher à nouveau)

- Positionnez votre curseur à droite du texte **Paris, le** et insérez un champ **Zone d'édition** abl puis cliquez sur le bouton **Propriétés** car nous voulons ici aussi imposer le type de saisie autorisé, cette fois la saisie d'une date

- Dans la fenêtre des options de champ, déroulez la zone **Type** et sélectionnez **Date**

- C'est fait, le champ n'acceptera qu'une date en entrée, mais nous voulons également que la date s'affiche en toutes lettres quelle que soit la façon dont elle sera saisie : dans la zone **Format**, sélectionnez le format **d MMMM yyyy**

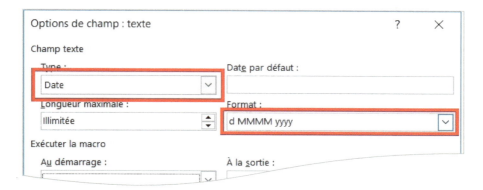

- Réactivez la protection du formulaire pour tester le champ.

- Saisissez la date **23/9/2016** et appuyez sur tabulation au clavier : comme vous le voyez, la date se formate automatiquement et s'affiche comme **23 septembre 2016**.

Les Listes déroulantes

Nous allons saisir le titre du destinataire et cette fois nous voulons que Word nous aide en nous affichant une liste déroulante proposant **Monsieur, Madame** ou **Mademoiselle**. Il s'agit d'un autre type de champ de formulaire que nous vous proposons d'insérer maintenant :

- Positionnez votre curseur sur la ligne vide au-dessus du texte **Nous avons bien reçu…**

- Activez l'onglet **Développeur** et dans le groupe **Contrôles**, déroulez le bouton **Outils hérités**

- Sous **Formulaires hérités**, cliquez sur le bouton **Zone de liste déroulante**

- Cliquez sur le bouton **Propriété** pour accéder à la fenêtre des options de champ

- Dans la zone **Elément de liste**, saisissez **Monsieur**, puis cliquez sur le bouton **Ajouter**

- Ajoutez également **Madame** puis **Mademoiselle**

- Validez par **OK**.

- Réactivez la protection du formulaire pour tester ce nouveau type de champ à liste déroulante. Vous devez obtenir le résultat suivant :

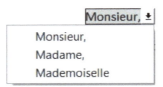

Désactiver à nouveau la protection pour poursuivre l'élaboration du formulaire en ajoutant de la même façon un champ de saisie de date et un champ liste déroulante aux endroits suivants :

Enfin, nous ajouterons le dernier type de champ de formulaire : les cases à cocher.

Les cases à cocher

- Cliquez pour positionner votre curseur à gauche du texte **Original de votre contrat**

- Activez l'onglet **Développeur** et dans le groupe **Contrôles**, déroulez le bouton **Outils hérités**

- Sous **Formulaires hérités**, cliquez sur le bouton **Case à cocher** ☑

- Ajoutez les cases à cocher comme indiqué ci-dessous

- Ajoutez également un champ texte à droite de la dernière case à cocher

- Ajoutez enfin une liste déroulante **Monsieur, Madame, Mademoiselle** dans la formule de politesse

- Activez la protection du formulaire et testez la saisie de tous les champs en complétant le formulaire comme ci-dessous :

Madame,¶

Nous·avons·bien·reçu·votre·courrier·du·6·avril·2012·et·avons·pris·note·de·votre·demande·de·
de·rachat.¶

Nous·vous·rappelons·toutefois·demeurer·dans·l'attente·des·documents·ci-dessous°:¶

☒·Original·de·votre·contrat   →   ☐·Fichier·d'état·civil¶

☐·Certificat·de·naissance   →   ☐·Lettre·signée·de·votre·conjoint¶

☒·Photocopie·de·votre·carte·d'identité¶

Dans·l'attente·de·votre·réponse,·nous·vous·prions·d'agréer,·Madame,·l'expression·de·nos·sentiments·
dévoués.¶

Réinitialiser les champs de formulaire

Vous pouvez vider tous les champs du formulaire :

- Désactivez la protection et dans l'onglet **Développeur**, groupe **Contrôles**, déroulez le bouton **Outils hérités**

- Sous **Formulaires hérités**, cliquez sur le bouton **Réinitialiser les champs de formulaire** 🧽 .

Utiliser un formulaire

Nous avons déjà eu un aperçu de la saisie dans un formulaire, il nous reste à apporter quelques informations complémentaires. Réactivez la protection puis saisissez les informations variables dans les champs du formulaire en utilisant :

- La touche **Tabulation** ⇥ du clavier pour accéder au champ suivant

- Les touches **Majuscule** / **Tabulation** ⇧ ⇥ pour accéder au champ précédent

- Un clic de la souris sur la flèche à droite des champs **Liste déroulante** pour choisir l'entrée

- Un clic de la souris sur les champs **Case à cocher** pour les activer ou les désactiver

 En règle générale, les formulaires sont plus efficaces s'ils sont enregistrés comme modèles de document afin de pouvoir être utilisés à volonté.

Exercice

Ouvrez le document **Formulaire Convocation AG** mis à votre disposition sur le réseau et enregistrez-le dans votre dossier sous le nom **Formulaire Convocation AG VotrePrénom**. Complétez-le en insérant les champs de formulaire à l'aide des instructions indiquées dans le tableau en bas de page du **Procès-Verbal** ci-après.

Procès-verbal
ASSEMBLEE GENERALE ORDINAIRE DU 12 avril 2012 [1]
Syndicat des copropriétaires de l'immeuble situé au
4 avenue des Lorinettes -92600 Asnières

[1]   [1]

Le 12 avril 2012, à 12:30, l'assemblée s'est réunie après que les copropriétaires aient été régulièrement convoqués par lettre du 20 mars 2012. Il résulte de la feuille de présence que sont présents ou représentés 5 copropriétaires représentant ensemble 740 voix sur les 1000 voix correspondant aux mille millièmes de copropriété de l'ensemble.

[2]

1ère résolution - Désignation du scrutateur de l'Assemblée Générale

L'assemblée générale, après délibération, désigne le scrutateur de l'assemblée :

[2]

1er scrutateur :   Bénédicte Pointsotte   2ème scrutateur :   ☒ sans objet
Secrétaire :   Karin Lassage

Votent pour : 740 / 1000 èmes	Votent contre : 0 /1000 èmes	S'abstiennent: 0 /1000 èmes

Cette résolution est adoptée.

2ème résolution - Quitus de sa gestion au syndic pour l'exercice écoulé

L'Assemblée Générale après délibération :

☒ donne quitus au syndic   ☐ ne donne pas quitus au syndic   ☐ reporte sa décision

Votent pour : 500 / 1000 èmes	Votent contre : 240 /1000 èmes	S'abstiennent : /1000 èmes

Cette résolution est adoptée.

3ème résolution - Adoption du budget prévisionnel pour l'exercice 2013

L'Assemblée Générale, après avoir pris connaissance des documents joints à la convocation de la présente Assemblée Générale et après délibération, décide de fixer les budgets prévisionnels

Année 2013 :   5 000,00 €
Année 2014 :   5 500,00 €   [3]

Votent pour : 740 / 1000 èmes	Votent contre : 0 /1000 èmes	S'abstiennent : 0 /1000 èmes

Cette résolution est adoptée.

Clôture du procès-verbal.
Préalablement à la clôture du présent procès-verbal, le président demande aux copropriétaires s'ils ont des réserves à faire concernant la régularité des convocations ou de la tenue de l'assemblée et la régularité des votes intervenus.

Notification de la décision.
Le président rappelle que, conformément à l'article 42 de la loi du 10 juillet 1965, la présente décision sera notifiée aux copropriétaires qui ne sont ni présents ni représentés, comme à ceux qui sont opposés aux résolutions adoptées.

Plus rien n'étant à l'ordre du jour, la séance est levée à 18:45.   [4]

Le président   Le secrétaire   Le scrutateur
(signature)   (signature)   (signature)

Instructions :

[1] Type Date + Format d MMMM yyyy	[2] Listes déroulantes	Désignation du scrutateur ▾	...ration, désigne le scrutateur ▾
		du scrutateur	le scrutateur
		des scrutateurs	les scrutateurs
[3] Type Nombre + Format # ##0,00 €;(# ##0,00 €)	[4] Type Date + Format HH:mm		
Les champs non marqués sont des champs standards de type texte, liste déroulante ou case à cocher dont vous êtes libre de préciser les propriétés			

A CE POINT DU MANUEL, REALISER DES EXERCICES DE MISE EN APPLICATION POUR VALIDER LES CONNAISSANCES ACQUISES

LES STYLES

Les styles sont des outils Word destinés à faciliter la mise en forme de vos documents longs. Un style peut aisément être utilisé et si vous modifiez sa mise en forme, cette modification se répercutera automatiquement dans tout le document, assurant ainsi son homogénéité.

Il existe deux grands types de styles : ceux que vous créez et ceux proposés par Word, avec plus particulièrement les styles dits "**hiérarchiques**" dont nous allons beaucoup parler ici.

L'utilisation des styles "hiérarchiques" permet en effet de désigner et mettre en forme très facilement chaque titre d'un document long et d'y ajouter une numérotation automatique en quelques secondes. Ils servent également de base pour la création d'une table des matières.

Les styles hiérarchiques

Comme nous le disions plus haut, les styles hiérarchiques existent déjà dans Word. Ils se nomment **Titre 1**, **Titre 2**, ... jusqu'à **Titre 9** et sont prévus pour être appliqués aux différents titres du document. Leur mise en forme prédéfinie peut être personnalisée à volonté.

Pour travailler les styles, nous vous proposons d'ouvrir le document **Château pour styles** mis à votre disposition sur le réseau. Enregistrez le document dans votre dossier de travail par défaut sous le nom **Château pour styles Votre Prénom**.

Commençons par repérer les styles :

- Dans l'onglet **Accueil**, cherchez le groupe **Styles**. C'est dans ce groupe que nous trouvons la **galerie des styles rapides** dans laquelle sont listés les styles utilisables dans le document.

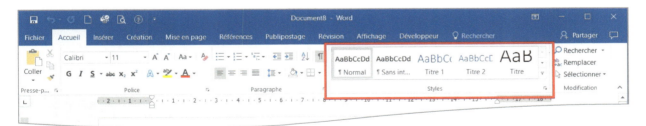

Vous pouvez visualiser davantage de styles en cliquant sur la flèche déroulante ⌄ pour accéder à liste complète des styles rapides. Vous pouvez également afficher le **Volet Styles** en cliquant sur le bouton lanceur ⌐ en bas à droite du groupe **Style**.

Galerie des styles :	Volet Styles :

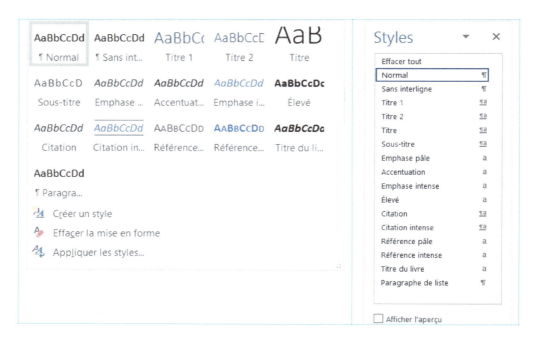

Appliquer un style

Pour appliquer un style, plusieurs méthodes s'offrent à nous. Pour commencer, nous allons utiliser la galerie des styles rapides que nous venons de découvrir.

- Sélectionnez le titre du document **CHATEAU EN VUE**. Cliquez sur le style **Titre** : le texte sélectionné est instantanément mis en forme

Toujours à l'aide de la galerie des styles rapides, nous allons maintenant nous occuper de mettre en forme les titres hiérarchiques du document. Comme vous pouvez le voir, tous les titres du document ont été saisis "au kilomètre", c'est-à-dire sans mise en forme puisque nous comptons utiliser les styles.

- Sélectionnez le premier titre, à savoir ***Anatomie d'un château fort.*** Il s'agit d'un titre de premier niveau, nous lui appliquerons donc le style correspondant **Titre 1** : déroulez la liste des styles rapides dans l'onglet **Accueil** et appliquez le style **Titre 1**

- Continuons avec le titre *Fossé* ; il s'agit ici d'un sous-paragraphe de **Anatomie d'un château fort**. Nous voulons donc lui affecter le style **Titre 2**. A nouveau, sélectionnez le texte *Fossé* et utilisez la liste des styles rapides pour lui appliquer le style **Titre 2**

- Le titre suivant **Enceinte** est également un sous-titre de **Anatomie d'un château fort**. Nous lui affectons donc également le style **Titre 2**

- Vous obtenez le résultat suivant :

- Appliquez maintenant le style **Titre 2** au texte "**La muraille flanquée... leurs armes**." qui suit le titre **Enceinte**.

Oups ! C'est une erreur, ce paragraphe n'est pas un titre mais un texte tout à fait standard.

Qu'à cela ne tienne, sachez qu'il existe un style pour revenir à du texte normal : il s'agit, comme son nom l'indique, du style **Normal** ¶ Normal que vous trouvez également parmi les autres styles prédéfinis de Word. Pour information, c'est ce style qui s'applique automatiquement au texte que vous saisissez dans tout nouveau document, aussi longtemps que vous n'appliquez pas un autre style.

- Appliquez le style **Normal** sur le paragraphe "**La muraille flanquée... leurs armes**." et reprenons la mise en forme de nos titres :
- Sélectionnez le paragraphe **Chatelet d'entrée** et appliquez-lui le style **Titre 2**. Recommencez pour le titre **Cours**.

Nous pourrions continuer à utiliser le ruban pour appliquer nos styles sur le reste des titres du document. Une autre méthode existe cependant, plus rapide lors d'un travail important avec les styles, que nous vous proposons de découvrir maintenant : le **Volet Styles**.

Afficher le volet Styles

- Dans l'onglet **Accueil**, cliquez sur le bouton lanceur ⌐ du groupe **Styles**.
- Le **volet des styles** s'affiche à droite de l'écran. Il comporte la liste des styles, que vous pouvez utiliser pour appliquer un style au texte sélectionné d'un simple clic.

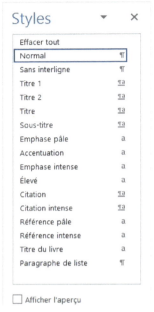

- Utiliser le **volet des styles** pour poursuivre l'application des styles sur les autres titres du document en respectant le plan de hiérarchisation des titres tel qu'indiqué ci-dessous :

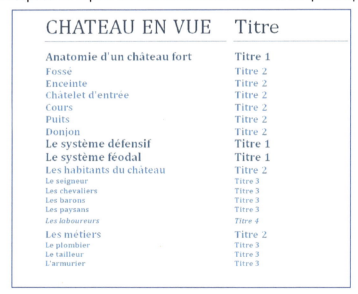

A la fin de votre travail, vous pouvez refermer le volet des styles en cliquant sur sa croix de fermeture.

Modifier la mise en forme d'un style

Comme vous avez pu le constater maintenant, les styles **Titre 1** à **Titre 9** prévoient une certaine mise en forme, qui ne vous convient peut-être pas. Nous allons donc apprendre à modifier un style. Les changements demandés au niveau du style se répercuteront automatiquement sur tout le texte stylisé du document.

Les jeux de styles

Avant d'apprendre à modifier manuellement un style, nous allons commencer par tester les **jeux de styles** déjà prévus par Word. Les **jeux de styles** sont des ensembles cohérents de mises en forme prédéfinies qui impacteront tous les styles du document.

- Dans l'onglet **Création**, groupe **Mise en forme du document**, cliquez sur le bouton **Autres** de la galerie des **jeux de styles**.

- Pour obtenir un aperçu de l'impact d'un jeu de styles sur votre document, faites glisser et arrêtez (sans cliquer) votre souris sur un des jeux de style dans la galerie.
- Pour appliquer un jeu de styles, cliquez dessus. En exemple ci-dessous, le jeu de styles **Ombré** appliqué aux titres stylisés du fichier **Château en vue** :

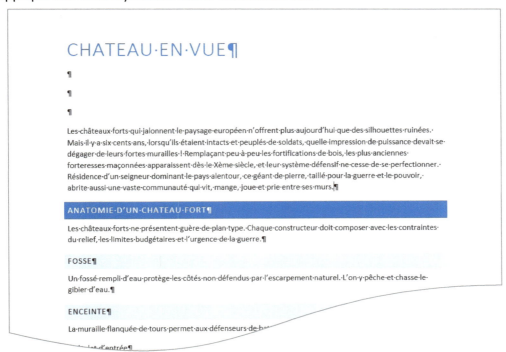

- N'hésitez pas à tester les différents jeux de styles puis revenez au jeu de style par défaut **Word** (disponible dans la liste des jeux de styles) pour la suite de l'exercice.

Les espacements de paragraphes

Vous pouvez également choisir de donner rapidement à l'ensemble de votre document un aspect aéré ou au contraire plus condensé en jouant avec les espacements de paragraphes.

- Dans l'onglet **Création**, groupe **Mise en forme du document**, déroulez le bouton **Espacement de paragraphe** et appliquez le style de votre choix.

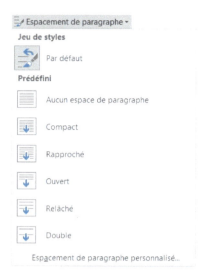

- En fonction de l'option choisie, l'ensemble des styles proposera un **espacement après** et un **interligne** plus ou moins importants. Pour les besoins de la formation, revenez au style **Par défaut** dans la liste des.

Modifier manuellement un style

Nous allons maintenant apprendre à modifier manuellement un style. Par exemple, nous souhaitons changer la couleur du style **Titre 1**, lui ajouter un soulignement et diminuer son espacement avant paragraphe.

- Sélectionnez ***Anatomie d'un château fort*** et dans l'onglet **Accueil**, groupe **Styles**, cliquez à l'aide du bouton droit de la souris sur le style **Titre1**.

- Cliquez gauche sur **Modifier**.

- Dans la boite de dialogue qui s'ouvre à l'écran, nous pouvons effectuer toutes les modifications désirées. Pour commencer, ajoutez le gras et le soulignement et changez la couleur de la police en **Bleu Gris** comme indiqué ci-dessous :

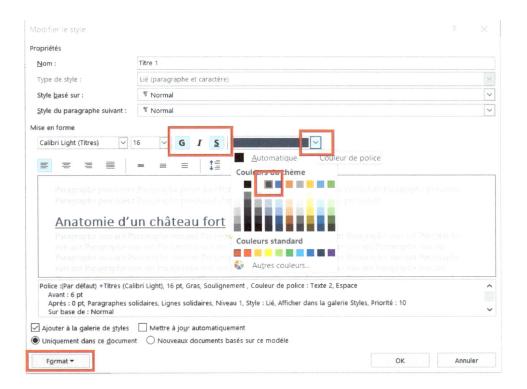

- Puis, pour augmenter la hauteur de l'espacement avant paragraphe, cliquez sur le bouton **Format** en bas à gauche de la boite de dialogue puis sur **Paragraphe…**. Dans la zone **Espacement Avant**, augmentez l'espacement à 18 pts au lieu de 12

- Validez par **OK**. Vous devez obtenir le résultat suivant :

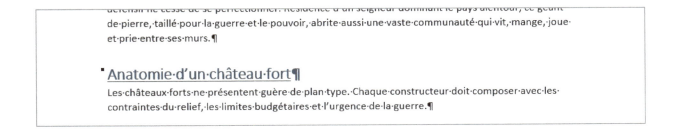

Bien entendu, les autres titres stylisés en **Titre 1**, à savoir *Le Système défensif* et *Le Système féodal* ont également été remis en forme, comme vous pouvez le vérifier plus bas dans votre document.

A présent, modifiez à leur tour les styles **Titre2** et **Titre 3** de la façon suivante :

- Style **Titre 2** : choisissez la police **Arial Narrow**, ajoutez le gras et l'italique, choisissez la couleur orange plus foncé 25%, modifiez l'espacement avant à 6 pt, ajoutez un espacement après de 3 pt (le chiffre doit être saisi)

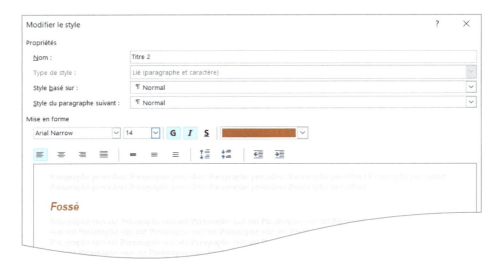

- Pour le style **Titre3**, choisissez la police **Arial Narrow**, ajoutez un soulignement et modifiez l'espacement avant à 6 pts et l'espacement après à 3 pts.
- Vous devez obtenir le résultat suivant :

■ Le·système·féodal¶

Le·maître·du·château·n'est·pas·propriétaire·de·sa·terre·dans·le·sens·où·on·l'entend·aujourd'hui.·Il·la· tient·d'un·suzerain,·roi·ou·baron,·en·échange·de·sa·fidélité·et·de·son·aide·militaire.·Sur·cette·terre· vivent·des·paysans,·des·villageois·et·des·artisans·qui·dépendent·du·seigneur·;·il·lui·doivent·corvées·et· redevances·définies·par·la·coutume.¶

En·contrepartie,·leur·protection·est·assurée·et·ils·trouvent·refuge·dans·le·château·en·cas·de·guerre.· Ces·liens·complexes·définissent·la·société·féodale.¶

■ *Les·habitants·du·château.* ¶

■ Les·seigneur¶

Le·château·abrite·le·seigneur·et·sa·famille·ainsi·que·ceux·qui·les·servent·et·les·protègent.·Le·page·est· un·jeune·serviteur·;·comme·le·chevalier,·qui·met·ses·armes·au·service·du·seigneur,·il·provient·d'une· famille·noble.·Le·prêtre·sert·aussi·de·secrétaire·au·châtelain.·Le·fou·divertit·cette·société.·Quant·aux· domestiques,·ils·travaillent·à·rendre·le·château·habitable,·sinon·confortable·!¶

■ Les·chevaliers¶

Assez·fortunés·pour·payer·leur·armure·et·leur·cheval,·ils·forment·l'élite·de·l'armée.·Ils·doivent·le· service·militaire·à·leur·suzerain,·soit,·en·général,·quarante·jours·de·chevauchée·par·an.·Au·XIVème· siècle,·la·plupart·d'entre·eux·possèdent·châteaux·ou·maisons-fortes·et·son·«·chasés·»·(établis)·sur· des·fiefs·devenus·berceau·de·leur·famille.¶

■ Les·barons¶

Les·barons·dirigent,·depuis·le·haut·Moyen·Age...

Les enchaînements de paragraphes

Vous aurez certainement remarqué les petits carrés noirs qui s'affichent automatiquement à gauche de chaque titre stylisé. Si vous effectuez un aperçu avant impression, vous constaterez que ces carrés noirs ne sont que des symboles visuels et qu'ils n'apparaissent pas à l'impression du document.

Ils sont le signe distinctif des **enchaînements de paragraphe**, qui ici permettent au titre de toujours rester sur la même page que le texte qui le suit.

Cette option est intéressante mais peut toutefois être désactivée :

- Cliquez droit sur le style à modifier dans la **liste des styles** ou dans la **galerie des styles rapides**
- Cliquez sur **Modifier**
- Cliquez sur le bouton **Format** puis sur **Paragraphe**
- Dans l'onglet **Enchaînements,** désactiver l'option **Paragraphes solidaires**
- Validez

Ajouter une numération automatique

Si vous utilisez les styles hiérarchiques **Titre 1** à **Titre 9**, il vous sera très facile d'ajouter une numérotation à tous les titres hiérarchiques du document. Procédez comme suit :

- Sélectionnez le premier titre du document **Anatomie d'un Château fort** puis dans l'onglet **Accueil**, groupe **Paragraphe**, cliquez sur le bouton **Liste à plusieurs niveaux**.

- Sous **Bibliothèque de listes**, cliquez sur une des numérotations indiquant **Titre X**, comme par exemple la numérotation juridique, qui est le format le plus souvent utilisé.

 Vous devez impérativement sélectionner l'une des 4 numérotations sur lesquelles figurent Titre 1, Titre 2, Titre 3, les autres formats n'étant pas utilisables avec les styles hiérarchiques.

Si aucune des quatre numérotations ne vous convient tout à fait, vous pourrez

Observez vos titres dans le document : ils ont tous été numérotés, sans avoir à intervenir sur chaque niveau de style.

> de pierre, taillé pour la guerre et le pouvoir, abrite aussi une vaste communauté qui vit, mange, joue et prie entre ses murs.¶
>
> ### 1 → Anatomie d'un château fort¶
>
> Les châteaux forts ne présentent guère de plan type. Chaque constructeur doit composer avec les contraintes du relief, les limites budgétaires et l'urgence de la guerre.¶
>
> ■ *1.1 → Fossé*¶
>
> Un fossé rempli d'eau protège les côtés non défendus par l'escarpement naturel. L'on y pêche et chasse le gibier d'eau.¶
>
> ■ *1.2 → Enceinte*¶
>
> La muraille flanquée de tours permet aux défenseurs de battre l'ensemble des murs avec leurs armes.¶
>
> ■ *1.3 → Châtelet d'entrée*¶
>
> L'entrée principale est renforcée par un ouvrage défensif semé d'embûches pour l'assaillant.¶
>
> ■ *1.4 → Cours*¶
>
> Le plan définit plusieurs basses-cours entourées de dépendances, où la population avoisinante se réfugier.¶
>
> ■ *1.5 → Puits*¶
>
> ...ts sont creusés dans le sou...

- A présent, retournez dans le bouton **Liste à plusieurs Niveaux** et testez le second format de numérotation des styles. Vous devez obtenir le résultat suivant :

> de pierre, taillé pour la guerre et le pouvoir, abrite aussi une vaste communauté qui vit, mange, joue et prie entre ses murs.¶
>
> ### ■ I. → Anatomie d'un château fort¶
>
> Les châteaux forts ne présentent guère de plan type. Chaque constructeur doit composer avec les contraintes du relief, les limites budgétaires et l'urgence de la guerre.¶
>
> ■ *A. → Fossé*¶
>
> Un fossé rempli d'eau protège les côtés non défendus par l'escarpement naturel. L'on y pêche et chasse le gibier d'eau.¶
>
> ■ *B. → Enceinte*¶
>
> La muraille flanquée de tours permet aux défenseurs de battre l'ensemble des murs avec leurs armes.¶
>
> ■ *C. → Châtelet d'entrée*¶
>
> L'entrée principale est renforcée par un ouvrage défensif semé d'embûches pour l'assaillant.¶
>
> ■ *D. → Cours*¶
>
> Le plan définit plusieurs basses-cours entourées de dépendances, où la population avoisinante peut se réfugier.¶
>
> ■ *E. → Puits*¶
>
> Des puits sont creusés dans le sous-sol...

Pour les besoins de l'exercice, appuyez sur **Annuler** 🔄 dans la **barre d'outils Accès rapide** pour revenir à la numérotation juridique 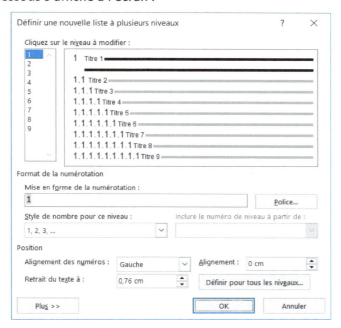 .

Personnaliser la numérotation

- Sélectionnez un des titres auquel vous avez affecté un style **Titre1**
- Dans l'onglet **Accueil**, cliquez sur le bouton **Liste à plusieurs niveaux** du groupe **Paragraphe**
- Cliquez sur **Définir une nouvelle liste à plusieurs niveaux** en bas de la liste
- La fenêtre ci-dessous s'affiche à l'écran :

- Sélectionnez dans la colonne de gauche le niveau de numérotation à modifier (1 à 9)
- Dans la zone **Mise en forme de la numérotation**, saisissez les symboles voulus (parenthèse, point ou tiret avant/après le nombre…) et cliquez sur le bouton **Police** si vous voulez que votre numérotation ait une police différente du texte des titres
- Dans la zone **Style de nombre pour ce niveau**, sélectionnez le symbole de numérotation (numérique, alphabétique majuscule, alphabétique minuscule, puce…)
- Dans la zone **Alignement**, indiquez la distance entre le symbole de numérotation et la marge du document
- Dans la zone **Retrait du texte à**, indiquez la distance entre le symbole de numérotation et le texte du titre

Naviguer dans le document

Lorsque l'on utilise les titres hiérarchiques, Word propose un outil permettant de visualiser à l'écran le plan du document et de se déplacer par simple clic sur les titres affichés. Il s'agit du **Volet de navigation**.

- Pour l'afficher, activez l'onglet **Affichage** et cochez l'option **Volet de navigation** du groupe **Afficher**
- Un nouveau volet apparaît à gauche de l'écran. Pour naviguer dans le document, cliquez sur les titres.

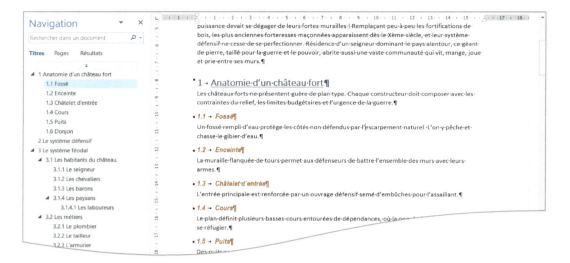

Créer une table des matières

Dans un document long, il peut être très utile d'avoir une table des matières indiquant à quelle page est abordé tel ou tel sujet. Les styles hiérarchiques sont automatiquement utilisés par Word pour créer une table des matières.

Les tables des matières se situent normalement en début de document. Nous allons donc prévoir une page blanche :

- Positionnez votre curseur en tout début de texte avant le titre et insérez un saut de page par le raccourci clavier **Ctrl + Entrée** (vous pouvez également passer par l'onglet **Insérer**, bouton **Saut de page** du groupe **Pages**)
- Remontez pour repositionner le curseur avant le saut de page en haut de la page vierge ainsi créée
- Activez l'onglet **Références** puis dans le groupe **Table des matières**, déroulez le bouton **Table des matières**
- Cliquez sur **Table des matières personnalisée**

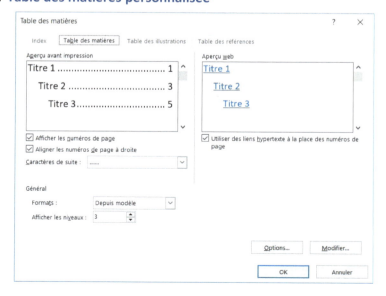

Dans la boite de dialogue ci-dessus, personnalisez si vous le souhaitez votre table des matières :

- Utilisez la zone **Formats** pour choisir par exemple le format de table des matières **Soigné**.
- Utilisez la zone **Afficher les niveaux** pour changer le nombre de niveaux de titres repris dans la table des matières ; en laissant **3**, le paragraphe ***Les laboureurs***, qui porte le niveau **Titre 4**, n'apparaîtra pas dans notre table
- Cochez ou décochez l'option **Afficher les numéros de page**
- Cochez ou décochez l'option **Aligner les numéros de page à droite** (si décochée, les numéros s'inscrivent à la suite des titres et non alignés à droite de la page)
- Si vous avez choisi d'aligner les numéros de page à droite, choisissez le type de points de suite qui reliera les titres aux numéros de page

Si vous avez choisi le format de table des matières **Soigné**, vous devriez obtenir le résultat suivant :

```
1 → Anatomie·d'un·château·fort _____→_____2¶
    1.1 → Fossé _____→_____2¶
    1.2 → Enceinte _____→_____2¶
    1.3 → Châtelet·d'entrée _____→_____2¶
    1.4 → Cours _____→_____2¶
    1.5 → Puits _____→_____2¶
    1.6 → Donjon _____→_____2¶
2 → Le·système·défensif _____→_____2¶
3 → Le·système·féodal _____→_____3¶
    3.1 → Les·habitants·du·château. _____→_____3¶
        3.1.1 → Le·seigneur _____→_____3¶
        3.1.2 → Les·chevaliers _____→_____3¶
```

Testez à présent d'autres formats de table des matières :
- Retournez dans le bouton **Table des matières** et cliquez à nouveau sur **Table des matières personnalisée**
- Choisissez un autre format ; Word vous demande s'il doit remplacer la table des matières existante, répondez **Oui**.
- Testez également l'affichage de seulement 2 niveaux de titres, ou à l'inverse de 4 niveaux de titres.

Mettre à jour la table des matières

Vous apporterez sans doute des changements à votre texte. Dans ce cas, si votre table des matières a déjà été créée, il vous faudra la mettre à jour.

Par exemple, dans le texte du document (et non dans la table des matières) modifiez le titre ***Anatomie d'un château fort*** en ***Anatomie d'une forteresse***.

Si vous vérifiez votre table des matières, vous constaterez qu'elle n'a pas été modifiée. Pour ce faire :

- Activez l'onglet **Référence** et cliquez sur le bouton **Mettre à jour la table** du groupe **Table des matières**.
- Au message de Word, activez l'option **Mettre à jour toute la table** et validez.

La table des matières reflète maintenant votre changement.

Nous en avons terminé avec les **styles hiérarchiques** qui, pour rappel, vous permettent :

- De marquer et mettre en forme les titres hiérarchiques du document
- D'ajouter une numérotation automatique
- De créer une table des matières automatique
- D'utiliser le **Volet de navigation** pour naviguer rapidement dans le document

Il est temps maintenant de passer aux autres types de styles dont vous pourriez avoir besoin dans un document long.

Le style Normal

Parlons tout d'abord du style le plus important de Word : le style **Normal**. C'est celui que vous utilisez sans le savoir depuis le premier jour de votre formation Word.

En effet, lorsque vous créez un document vierge, une police, taille de police, alignement, interligne etc... sont automatiquement appliqués au texte que vous saisissez. Cette mise en forme est enregistrée dans le style **Normal**, que vous pouvez tout à fait choisir de personnaliser.

Créez un nouveau document vierge et regardez dans la galerie des styles : voyez, c'est bien le style **Normal** qui est déjà appliqué. Saisissez le texte ci-dessous puis enregistrez votre document dans votre dossier sous le nom **Texte pour Style Normal VotrePrénom**.

> Ceci·est·un·texte·pour·travailler·le·style·Normal.¶
>
> Nous·allons·le·repérer·puis·apprendre·à·le·modifier.·Nous·pourrons·ainsi·gagner·du·temps·en·ne·refaisant·pas·les·mêmes·mises·en·forme·plusieurs·fois·dans·le·document.·Le·style·Normal·se·modifie·comme·les·autres·styles.¶
>
> Tout·ira·bien¶

Imaginons que vous souhaitiez que l'ensemble de votre texte s'écrive plutôt en police Arial, taille 14 et justifié ? Et surtout, sans l'espacement après prévu pour chaque paragraphe depuis la version 2007...

Dans ce cas, vous pouvez modifier le style **Normal** comme vous avez appris à le faire pour les styles hiérarchiques :

- Cliquez droit sur **Normal** dans la galerie des styles puis cliquez sur **Modifier**
- Dans la boite de dialogue qui s'affiche, utilisez les outils de la zone **Mise en forme** ou le bouton **Format** pour effectuer les modifications suivantes :
    - Police Arial
    - Taille de police 14
    - Alignement Justifié
    - Interligne Simple
    - Espacement après 0 points

- Validez. Votre texte est devenu ceci :

> Ceci·est·un·texte·pour·travailler·le·style·Normal.¶
> Nous·allons·le·repérer·puis·apprendre·à·le·modifier.·Nous·pourrons·ainsi·
> gagner·du·temps·en·ne·refaisant·pas·les·mêmes·mises·en·forme·
> plusieurs·fois·dans·le·document.·Le·style·Normal·se·modifie·comme·les·
> autres·styles.¶
> Tout·ira·bien¶

 Dans Word, certains styles prennent pour base le style **Normal**. *Dans ce cas, modifier ce dernier peut également entraîner la modification en cascade d'autres styles dans le document.*

Par défaut, le style **Normal** tel que vous venez de le personnaliser n'est disponible que dans le document en cours. Vous pouvez cependant demander à le copier dans le modèle qui a servi à créer votre document (par exemple, le modèle **Normal.dotm** si vous avez créé un nouveau document vierge).

- Cliquez droit à nouveau sur le style **Normal** dans la galerie des styles ou dans le volet Styles puis cliquez sur **Modifier**.
- En bas de la fenêtre, cochez l'option **Nouveaux documents basés sur ce modèle**.

Pour les besoins de la formation, merci de rétablir le style Normal tel qu'à l'origine, sans oublier de cocher l'option ⬡ Nouveaux documents basés sur ce modèle **avant de valider :**

- Police Calibri, taille 11
- Interligne 1,08
- Espacement après 8 points
- Alignement Gauche

Les styles de paragraphe personnels

Vous pouvez être amené à créer vos propres styles pour mémoriser une mise en forme souvent réutilisée. Ce pourrait être par exemple pour prévoir la mise en forme du texte suivant chaque niveau de titre dans le document, ou celle de puces sans retraits, ou de bordures…

Bref, toute mise en forme souvent réutilisée mériterait d'être mémorisée sous forme de style.

Pour cela, le plus simple est d'appliquer sur un paragraphe la mise en forme qui servira de base à la création du nouveau style, puis de créer le style. Nous allons commencer par traiter les textes qui suivent les titres de niveau **Titre 1**.

- Sélectionnez le texte sous le titre ***Anatomie d'un château fort***, depuis "***Les châteaux forts***…" jusqu'à "… ***urgence de la guerre***."
- Dans l'onglet **Accueil**, cliquez sur le bouton lanceur ⬚ du groupe **Paragraphe** pour ouvrir la boite de dialogue.
- Dans l'onglet **Retrait et espacement**, indiquez **0,8** en retrait gauche.

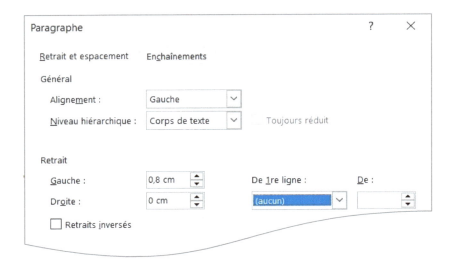

- Validez par **OK**.

Nous voulons également changer la police et justifier le texte :

- Dans l'onglet **Accueil**, groupe **Police**, choisissez la police **Arial Narrow**, la taille 12, puis cliquez sur le bouton **Justifier** du groupe **Paragraphe**

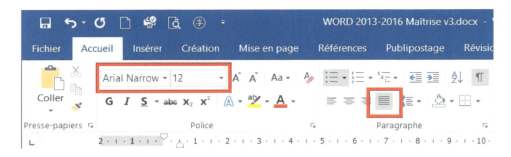

Nous allons à présent nous servir de ce paragraphe pour créer notre nouveau style, que nous appellerons **Texte Niveau 1**.

Créer un style de paragraphe personnel

- Sélectionnez le paragraphe qui a été mis en forme, ici "***Les châteaux forts ... urgence de la guerre***."

- Dans l'onglet **Accueil**, cliquez sur le bouton lanceur ⌐ du groupe **Styles** pour afficher le volet des styles. En bas du volet apparu à l'écran, cliquez sur le bouton **Nouveau style** .

- Dans la boite de dialogue qui s'ouvre à l'écran, saisissez le nom **Texte Niveau 1** dans la zone **Nom** et vérifiez dans la zone en dessous de l'aperçu que le style prévoit bien les mises en forme que vous voulez appliquer avant de valider par **OK**

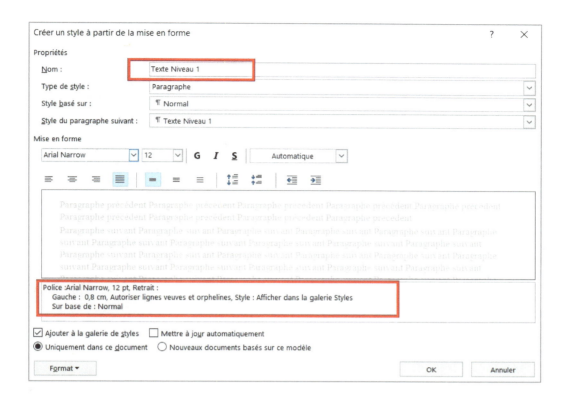

Votre nouveau style apparaît dans le volet des styles et dans la liste des styles rapides du groupe **Styles** dans le ruban.

Utilisez l'un ou l'autre outil pour appliquer le style **Texte Niveau 1** aux paragraphes de texte sous les titres *Le système défensif* et *Le système féodal*.

A présent, entraînez-vous en créant de nouveaux styles pour les textes de second niveau (sous les titres Titre 2), de troisième niveau et de quatrième niveau :

- Texte Niveau 2 : justifié et retrait gauche de 1 cm

- Texte Niveau 3 : justifié et retrait gauche de 1,3 cm

- Texte Niveau 4 : justifié et retrait gauche de 1,5 cm

3 → Le·système·féodal¶

Le·maître·du·château·n'est·pas·propriétaire·de·sa·terre·dans·le·sens·où·on·l'entend·aujourd'hui.·Il·la· tient·d'un·suzerain,·roi·ou·baron,·en·échange·de·sa·fidélité·et·de·son·aide·militaire.·Sur·cette·terre· vivent·des·paysans,·des·villageois·et·des·artisans·qui·dépendent·du·seigneur·;·il·lui·doivent·corvées· et·redevances·définies·par·la·coutume.¶

En·contrepartie,·leur·protection·est·assurée·et·ils·trouvent·refuge·dans·le·château·en·cas·de·guerre.· Ces·liens·complexes·définissent·la·société·féodale.¶

3.1 → *Les·habitants·du·château.*¶

3.1.1 → Le·seigneur¶

Le·château·abrite·le·seigneur·et·sa·famille·ainsi·que·ceux·qui·les·servent·et·les·protègent.·Le· page·est·un·jeune·serviteur·;·comme·le·chevalier,·qui·met·ses·armes·au·service·du·seigneur,·il· provient·d'une·famille·noble.·Le·prêtre·sert·aussi·de·secrétaire·au·châtelain.·Le·fou·divertit· cette·société.·Quant·aux·domestiques,·ils·travaillent·à·rendre·le·château·habitable,·sinon· confortable·!¶

3.1.2 → Les·chevaliers¶

Assez·fortunés·pour·payer·leur·armure·et·leur·cheval··· le·service·militaire·à·leur·suzerain,·soit···

Modifier un style personnel

Le principal avantage à utiliser les styles pour effectuer nos mises en forme sur le texte devient évident si pour une raison quelconque la mise en forme initialement choisie ne convient plus.

Imaginons par exemple qu'alors que vous saisissez courageusement la 121ème page du rapport d'activité annuel de votre service, votre girouette de responsable décide brusquement qu'il veut un **interligne 1,5** au lieu d'un interligne simple ? Avec le texte écrit en police **Tahoma** ? Taille **10** ?

Par de problème, il vous suffit d'effectuer votre changement au niveau de vos styles, exactement comme vous avez appris à le faire précédemment pour les styles hiérarchiques :

- Cliquez droit sur le style **Texte Niveau 1** dans le **volet Styles** ou dans la **galerie Style** de l'onglet **Accueil** du ruban puis cliquez sur **Modifier**.

- Effectuez les modifications dans la boite de dialogue qui s'affiche à l'écran : police **Tahoma**, taille **10**, interligne **1,5**.

- Lorsque vous validez, tous les paragraphes stylisés en **Texte Niveau 1** se mettent à jour.

Il vous suffit de répéter l'opération sur les styles **Texte Niveau 2** puis **Texte Niveau 3** pour que vos 121 pages soient conformes à la nouvelle consigne.

- 3 → Le·système·féodal¶

Le·maître·du·château·n'est·pas·propriétaire·de·sa·terre·dans·le·sens·où·on·l'entend·aujourd'hui.·Il·la·tient·d'un·suzerain,·roi·ou·baron,·en·échange·de·sa·fidélité·et·de·son·aide·militaire.·Sur·cette·terre·vivent·des·paysans,·des·villageois·et·des·artisans·qui·dépendent·du·seigneur·;·il·lui·doivent·corvées·et·redevances·définies·par·la·coutume.¶

En·contrepartie,·leur·protection·est·assurée·et·ils·trouvent·refuge·dans·le·château·en·cas·de·guerre.·Ces·liens·complexes·définissent·la·société·féodale.¶

- 3.1 → Les·habitants·du·château.¶
- 3.1.1 → Le·seigneur¶

Le·château·abrite·le·seigneur·et·sa·famille·ainsi·que·ceux·qui·les·servent·et·les·protègent.·Le·page·est·un·jeune·serviteur·;·comme·le·chevalier,·qui·met·ses·armes·au·service·du·seigneur,·il·provient·d'une·famille·noble.·Le·prêtre·sert·aussi·de·secrétaire·au·châtelain.·Le·fou·divertit·cette·société.·Quant·aux·domestiques,·ils·travaillent·à·rendre·le·château·habitable,·sinon·confortable·!¶

- 3.1.2 → Les·chevaliers¶

Assez·fortunés·pour·payer·leur·armure·et·leur·ch
le·service·militaire·à·leur·suze

Les styles de caractères

Il peut arriver que l'on ait besoin de mettre en forme certains mots du texte sans pour autant vouloir mettre en forme le paragraphe. Des mots techniques que l'on voudrait systématiquement afficher en gras italique par exemple, ou noms de personnes ou de lieux avec un soulignement.

Dans notre support, peut-être aurez-vous remarqué que les noms des commandes Word s'inscrivent en gras et bleu et que les noms des fichiers sont en gris et encadrés, et ce quel que soit la mise en forme appliquée au paragraphe.

Nous avons pour cela créé des **styles de caractères**, un type de style particulier qui ne change rien à la mise en forme de l'ensemble du paragraphe.

Pour notre texte sur les châteaux forts, nous voulons que tous les mots spécifiques au Moyen-Age s'inscrivent en gras et rouge foncé dans le texte.

Créer un style de caractère

Tout comme pour les styles de paragraphes, le mieux est de mettre en forme un mot et de nous en servir de base pour la création de notre nouveau style :

- Dans le premier paragraphe du texte de la première page, sélectionnez les mots **châteaux forts** et appliquez le **Gras** et la couleur de police **Orange**.
- Pour créer le style, sélectionnez l'un des mots (un seul suffit) et dans le volet des styles, cliquez sur le bouton **Nouveau style** .
- Dans la boite de dialogue qui s'affiche à l'écran, saisissez le nom du nouveau style, ici **Terme féodal**.
- Déroulez la liste **Type de style** et sélectionnez **Caractère**.
- Vérifiez que le style prévoit bien les mises en forme que vous souhaitez appliquer et si oui validez par **OK** (dans le cas contraire, vous pouvez utiliser le bouton **Format** pour corriger le style avant de valider).

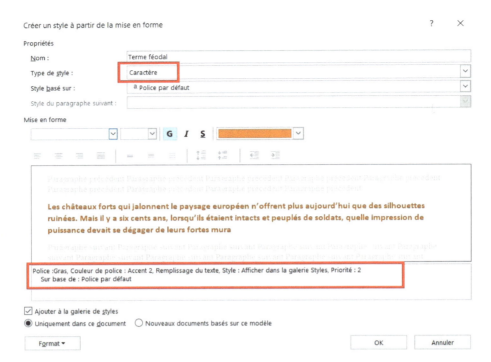

- Votre style de caractère est créé et apparaît automatiquement dans la liste des styles du **volet Styles**, ainsi que dans la **galerie des styles rapides** affichée dans l'onglet **Accueil** du ruban.
- Dans le **volet Styles**, remarquez la lettre **a** qui vous permet d'identifier les styles de caractères.

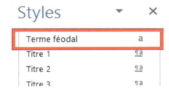

Appliquez le style créé sur le vocabulaire féodal tel qu'indiqué sur le texte ci-dessous :

> Les·**châteaux·forts** qui·jalonnent·le·paysage·européen·n'offrent·plus·aujourd'hui·que·des·silhouettes· ruinées.·Mais·il·y·a·six·cents·ans,·lorsqu'ils·étaient·intacts·et·peuplés·de·soldats,·quelle·impression·de· puissance·devait·se·dégager·de·leurs·fortes·**murailles**·!·Remplaçant·peu·à·peu·les·**fortifications**·de· bois,·les·plus·anciennes·**forteresses**·maçonnées·apparaissent·dès·le·Xème·siècle,·et·leur·système· défensif·ne·cesse·de·se·perfectionner.·Résidence·d'un·**seigneur**·dominant·le·pays·alentour,·ce·géant· de·pierre,·taillé·pour·la·guerre·et·le·pouvoir,·abrite·aussi·une·vaste·communauté·qui·vit,·mange,·joue· et·prie·entre·ses·murs.¶

Modifier un style de caractère

Imaginons maintenant que la couleur orange ne convient finalement pas : tout comme pour les styles de paragraphe, il vous suffit de modifier le style de caractère pour que la mise à jour dans le texte s'effectue instantanément.

- Cliquez droit sur le style **Terme féodal** dans le **volet Styles** ou dans la **galerie Style** de l'onglet **Accueil** et sélectionnez **Modifier**
- Changez pour la couleur de police **Bleue**, ajoutez l'**italique** puis validez : les mots stylisés sont

automatiquement mis à jour.

Aller plus loin avec les styles

Organiser les styles entre documents

Les styles créés dans un document peuvent être rendus disponibles dans le modèle lié au document, dans les documents liés à d'autres modèles, ou plus généralement dans tout autre document.

Copier un style

Par défaut, un style créé ou personnalisé n'est disponible que dans le document actif, à savoir le document dans lequel il a été créé. Ainsi, tous les styles sur lesquels vous avez si durement travaillé depuis le début de ce chapitre n'existent pour l'instant que dans le document **Château pour styles VotrePrénom** et nulle part ailleurs.

Pour récupérer ce style dans un autre document, deux méthodes existent :

Copier un style dans un autre document

S'il s'agit simplement de récupérer votre style dans un autre document, rien de plus simple : il vous suffira de copier/coller le texte stylisé, le style sera alors automatiquement récupéré dans le document cible.

Copier un style dans le modèle du document

- Dans l'onglet **Accueil**, groupe **Styles**, cliquez droit sur le style puis cliquez sur **Modifier le style**.

- Activez l'option **Nouveaux documents basés sur ce modèle** en bas de la boite de dialogue.

Copier un style dans un autre modèle

Pour des besoins plus avancés, vous pouvez également utiliser la fenêtre de gestion des styles :

- En bas du volet des styles, cliquez sur le bouton **Gérer les styles**

- Cliquer sur le bouton **Importer / Exporter**

- La fenêtre **Organiser** s'affiche à l'écran. Dans la liste de gauche sont affichés les styles présents dans le document ouvert ; dans la liste de droite figurent les styles du modèle du document.

  - Dans la partie droite de la fenêtre, cliquer sur le bouton **Fermer le fichier** puis cliquer sur le même bouton devenu **Ouvrir le fichier**

  - Ouvrir le modèle concerné

  - Sélectionner le style dans la liste de gauche et cliquer sur le bouton [Copier ->] pour l'ajouter au modèle sélectionné

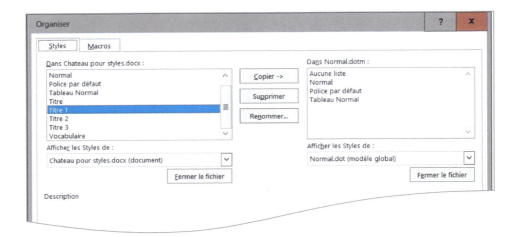

Demander la mise à jour automatique d'un style

Jusqu'à présent, nous avons vu que pour modifier la mise en forme prévue par un style, nous devions chaque fois le demander au niveau du style.

Pour les styles de paragraphe, il existe cependant une option qui vous permettra de prévoir la mise à jour automatique du style lorsqu'une modification est apportée au texte stylisé du document. Pour activer cette option, procédez comme suit :

- Cliquez droit sur le style puis cliquez sur **Modifier…**

- Dans la boite de dialogue qui s'affiche à l'écran, cochez l'option **Mettre à jour automatiquement**.

 Attention cependant, cette option est à manipuler avec précaution, car elle vous empêche d'effectuer une modification sur un paragraphe stylisé sans que cette modification (que vous souhaitiez peut-être n'appliquer que ponctuellement à un endroit précis du texte) ne soit répercutée sur tous les paragraphes du même style.

A CE POINT DU MANUEL, REALISER DES EXERCICES DE MISE EN APPLICATION POUR VALIDER LES CONNAISSANCES ACQUISES

L'INDEX

Un **index** est une liste alphabétique qui répertorie les principaux termes employés dans le document afin de faciliter la recherche à partir d'un mot ou d'une expression. Chaque mot de l'index (ou entrée d'index) est suivi du numéro de la page qui y fait référence.

INDEX

Armures	4	Fossé	1
Artisans	2, 4	Guerre	1, 2
Attaque	2	Moyen Age	3
Château fort	1, 2	Muraille	1
Châteaux	1, 3	Paysans	2, 3
Châtelet d'entrée	1	Roi	2, 3
Chevaliers	3	Seigneur	1, 2, 3, 4
Donjon	2	Soldats	1, 2
Enceinte	1	Système défensif	1, 2
Fortifications	1		

Avant de pouvoir éditer l'index, il est nécessaire de répertorier chaque mot devant y figurer par la création des **entrées d'index**.

Pour les manipulations qui suivent, ouvrez le document **Château pour Index** mis à votre disposition sur le réseau et enregistrez-le dans votre dossier sous le nom **Château pour Index VotrePrénom**.

Définir les entrées d'index

Nous allons commencer par marquer les mots devant figurer dans l'index :
- Sélectionnez le mot **murailles** dans le premier paragraphe de la première page

- Dans l'onglet **Références**, cliquez sur le bouton **Entrée** Entrée du groupe **Index** : la boite de dialogue **Marquer les entrées d'index** s'affiche à l'écran :

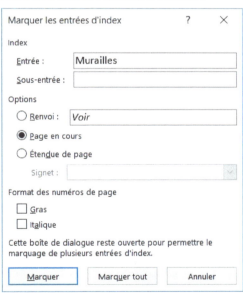

- Dans la zone **Entrée**, rectifiez au besoin le texte de l'entrée d'index tel qu'il doit figurer dans l'index ; ici, ajoutez simplement un M majuscule au mot **Murailles**
- Cliquez sur le bouton **Marquer tout** pour que toutes les occurrences du mot **Murailles** soient automatiquement marquées dans l'ensemble du document
- Sans refermer la boîte de dialogue, sélectionnez le mot **fortifications** dans le même paragraphe, puis cliquez une fois dans la zone **Entrée** pour y recopier automatiquement l'entrée

sélectionnée ; ajoutez la majuscule à **Fortifications** et cliquez sur **Marquer tout**.

- Recommencez les opérations de marquage pour une quinzaine de mots du document (au besoin, prenez exemple sur les mots indiqués par notre index ci-après)

A présent, observez votre texte : chaque mot défini comme entrée d'index est marqué d'un champ {EX "texte"} sur l'ensemble des pages du document (si ce n'est pas le cas, activez le bouton **Afficher tout** ¶ de l'onglet **Accueil**). A noter que ce champ est masqué et ne sera pas imprimé.

> Les· châteaux·{·XE· "Châteaux".·}·forts· qui· jalonnent· le· paysage· européen· n'offrent·plus·aujourd'hui·que·des·silhouettes·ruinées.·Mais·il·y·a·six·cents·ans,· lorsqu'ils·étaient·intacts·et·peuplés·de·soldats·{·XE·"Soldats".·}·quelle·impression· de· puissance· devait· se· dégager· de· leurs· fortes· murailles·{·XE· "Muraille".·}·!

Générer l'index

L'index se trouve généralement en fin de document :

- Appuyez sur **Ctrl Fin** au clavier pour positionner rapidement le curseur à la fin du document
- Insérez un saut de page (**Ctrl Entrée**) pour générer une nouvelle page sur laquelle positionner votre index
- Saisissez le titre **Index** et appuyez deux fois sur **Entrée**.
- Dans l'onglet **Références**, cliquez sur le bouton **Insérer l'index** ; la boite de dialogue ci-dessous apparaît à l'écran :

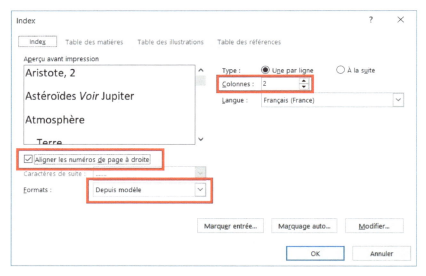

- Nous voulons une table d'index des plus classiques mais sur deux colonnes : réglez les options comme ci-dessus et validez : la table s'insère sur la page.

 En cas de modification dans le document, l'index devra être mis à jour : dans l'onglet Références, cliquez sur le bouton Mettre à jour l'index.

LES THEMES

Qu'est-ce qu'un thème ?

Grande nouveauté des dernières versions d'Office, les thèmes sont des outils incontournables qui vous permettent de personnaliser très rapidement l'aspect d'un document au niveau :

- de ses couleurs

- de ses polices

- de ses effets sur objets (images, formes, SmartArts...)

Les thèmes sont disponibles non seulement dans Word, mais également dans Excel, PowerPoint et Outlook, ce qui vous permet d'appliquer une certaine homogénéité dans l'apparence de vos documents, présentations, feuilles de calcul et messages électroniques.

Pour vraiment comprendre toute la puissance des thèmes, le mieux est de les tester sur un document contenant du texte, des dessins et des graphiques ; pour cela, ouvrez le ficher **Document pour thème** disponible sur le réseau et enregistrez-le dans votre dossier sous le nom **Document pour thème VotrePrénom**.

Pour l'instant, le thème par défaut, à savoir le thème **Office,** est appliqué au document. Le texte et les objets sur lesquels nous avons utilisé des couleurs du thème se présentent donc de la façon suivante :

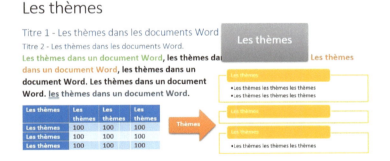

A présent, nous allons appliquer tour à tour trois autres thèmes complètement différents.

Changer le thème du document

- Dans l'onglet **Création,** groupe **Mise en forme du document**, cliquez sur le bouton **Thèmes** pour afficher la galerie des thèmes disponibles

- Le thème en cours d'utilisation (ici par exemple le thème par défaut **Office**) figure sur fond gris

- Vous pouvez prévisualiser l'effet qu'aura chaque thème sur vos diapositives en visant sa vignette sans cliquer dessus. Votre choix arrêté, cliquez sur la vignette du thème pour l'appliquer à l'ensemble du document.
- Ci-dessous deux exemples de thèmes :

Les thèmes

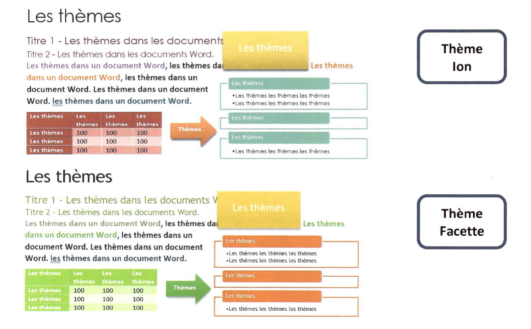

Comme vous pouvez le voir, chaque thème a instantanément changé la **police**, les **couleurs** et les **effets** appliqués sur les objets. Changer de thème est rapide, efficace et spectaculaire… et vous n'avez que l'embarras du choix ! A vous de trouver celui qui vous correspond le mieux, à vous, à votre société ou au sujet du document.

Le jeu de couleurs

Lorsque vous appliquez un thème, le plus évident est que vous appliquez automatiquement un jeu de couleurs. Ainsi, en choisissant le thème Facette, vous appliquez en même temps un jeu de couleurs aux dominances de vert.

Sachez que vous pouvez en changer, si par exemple le thème vous convient pour ses polices et ses effets sur objets, mais que vous préférez utiliser des tons plus chauds :

- Dans l'onglet **Création**, déroulez le bouton **Couleurs** du groupe **Mise en forme du document**
- Pointez sur un jeu de couleurs pour générer un aperçu sur votre document puis cliquer sur le jeu de couleurs pour l'appliquer

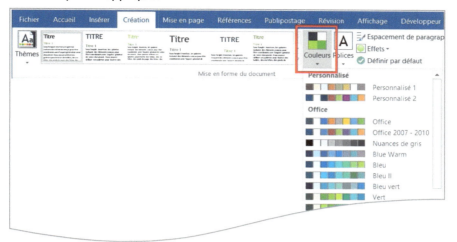

Mais comment sont appliquées ces couleurs ? En fait, chaque jeu de couleurs comporte 10 couleurs, présentées comme dans les trois exemples ci-dessous (nous avons appliqué trois jeux de couleurs différents puis avons déroulé le bouton **Remplissage** de l'onglet contextuel **Format** après avoir sélectionné la forme **rectangle** du document).

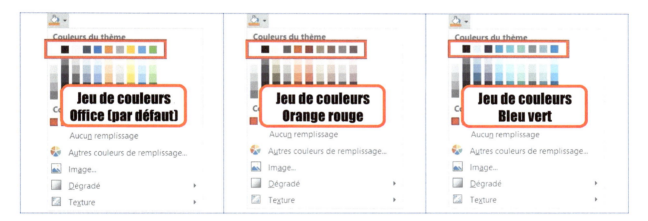

Les quatre premières couleurs de la ligne sont destinées par défaut au texte et aux arrière-plans, tandis que les six dernières couleurs sont des couleurs d'**accentuation** utilisées par les tableaux, les formes ou les **SmartArt**.

Si par exemple vous insérez une nouvelle forme **Rectangle** ou autre dans votre document, sa couleur de fond sera par défaut la première couleur d'accentuation du jeu de couleurs, soit la cinquième couleur de la ligne. N'hésitez pas, faites le test !

De plus, vous aurez remarqué que chaque couleur proposée par le jeu de couleurs se décline en teintes plus ou moins foncées.

Les couleurs Standard

Si vous voulez qu'un élément (texte, forme, tableau…) reste inchangé quel que soit le jeu de couleurs choisi, sélectionnez dans ce cas votre couleur parmi les couleurs de la zone **Couleurs Standard** ou cliquez sur **Autres couleurs…** pour utiliser des couleurs personnalisées.

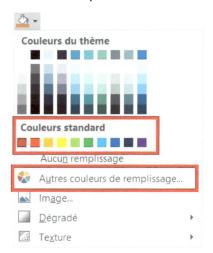
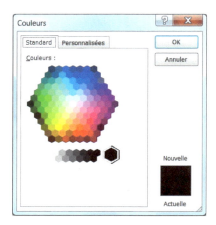

 Lorsque des couleurs du **thème** *ont été utilisées et non des couleurs standard, si vous copiez/collez un élément (texte, forme, tableau, graphique…) d'un fichier à un autre, les couleurs sont automatiquement mises à jour si les thèmes appliqués dans les deux fichiers sont différents.*

Les polices de thème et effets de thème

Les thèmes Office définissent deux polices : une pour les titres et une pour le corps du texte. Parfois, la même police est prévue pour les titres et le texte.

Lorsque vous déroulez le bouton **Polices** dans le groupe **Mise en forme du document** de l'onglet **Création**, les noms de la police des titres et de la police du corps du texte disponibles apparaissent.

De la même façon que vous avez pu changer le jeu de couleurs, vous pouvez tout à fait changer de jeu de polices si celles du thème appliqué ne vous plaît pas.

Quant aux **effets du thème**, ils spécifient la manière dont sont mis en forme vos objets (diagrammes, formes, SmartArt, images, tableaux). L'utilisation de la galerie proposée dans le bouton **Effets** vous permet de changer de jeu d'effets pour modifier rapidement l'aspect de ces objets.

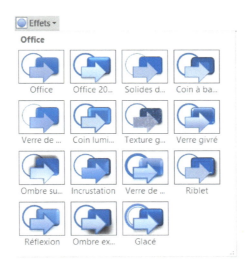

 Si vous souhaitez que Word vous propose par défaut le jeu de couleurs, de police, d'effets et d'espacement que vous avez appliqué à votre document actif, cliquez sur le bouton **Définir par défaut** de l'onglet **Création** du groupe **Mise en forme du document**.

 Définir par défaut

LIAISON ET INCORPORATION D'OBJETS

A ce point de votre formation, vous avez certainement pu tester le copier-coller à plusieurs reprises. Mais savez-vous que Windows vous propose plusieurs façons d'inclure des éléments provenant d'autres applications dans le document Word (tableau Excel dans notre exemple ci-dessous) ? Le choix de la méthode sera fonction de la façon dont vous désirez afficher, modifier ou mettre à jour l'élément inséré. Pour effectuer les manipulations suivantes, créez un nouveau document Word et enregistrez-le dans votre dossier sous le nom **Document pour collages spéciaux VotrePrénom**. Nous allons vouloir y insérer un tableau issu du fichier Excel **Appels de charges** mis à votre disposition sur le réseau.

Coller simple

Le **copier/coller** simple d'un élément (tableau Excel par exemple) dans le document convertit automatiquement l'élément au format Word.

- Sous Excel, ouvrez le fichier **Appels de charges** et sélectionnez les cellules du tableau à copier (A1:F10)
- Dans l'onglet **Accueil**, cliquer sur le bouton **Copier** (ou appuyez sur **Ctrl C** au clavier)

- Ouvrez votre document Word **Document pour collages spéciaux VotrePrénom**
- Saisissez le texte « **Test Copier/Coller standard** » puis appuyez sur **Entrée** pour créer une nouvelle ligne vide.
- Cliquez sur le bouton **Coller** (ou appuyez sur **Ctrl V** au clavier) pour insérer le tableau

Cliquez sur le tableau et vérifiez : votre tableau issu d'Excel a bien été transformé en tableau Word, comme en atteste la présence des onglets contextuels d'outils de tableau dans le ruban. La modification du tableau se fera à l'aide des fonctions Tableau de Word.

 Les formules de calcul prévues dans le tableau Excel ont été transformées en nombres : aucune mise jour automatique des totaux ne se fera en cas de modification d'un nombre dans le tableau.

Incorporation

L'incorporation d'un élément permet de le modifier facilement dans son programme source (Excel par exemple) sans avoir à quitter Word. L'élément est alors un **objet incorporé**. Faisons le test.

Dans votre fichier Word **Document pour collage spéciaux VotrePrénom**, insérez quelques lignes vides en-dessous du tableau que vous venez de coller et saisissez le texte « **Test Copier/Coller spécial Incorporation** » puis insérez une ligne vide et effectuez les manipulations suivantes :

- Sous Excel, sélectionnez les cellules du tableau à copier (A1:F10) et dans l'onglet **Accueil**, cliquer sur le bouton **Copier** (ou appuyez sur **Ctrl C** au clavier)

- Activer votre document Word, et cliquez sur la flèche déroulante du bouton **Coller** puis sur **Collage spécial...**

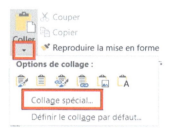

- Dans la boite de dialogue qui s'affiche à l'écran, sélectionner l'option **Feuille de calcul Microsoft Excel Objet** puis validez par **OK**

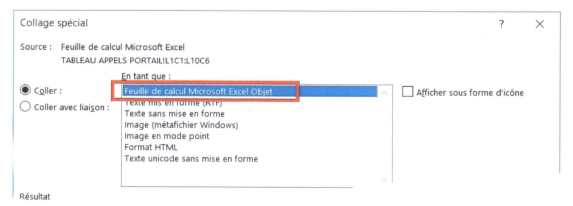

Le tableau collé dans Word est resté un tableau Excel.

Si vous double-cliquez dessus, une "lucarne" s'ouvre sur l'environnement Excel (observez votre ruban, ce sont bien les commandes d'Excel qui s'affichent). Essayez de modifier l'un des chiffres du tableau, vous verrez que les calculs se mettent automatiquement à jour.

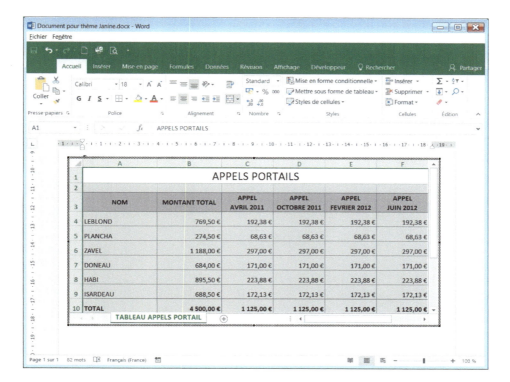

Pour revenir au document Word, un simple clic sur la page Word en-dehors du tableau suffit.

 Vous pouvez redimensionner le tableau comme vous le feriez d'une image en cliquant-glissant sur l'une de ses poignées d'angle.

Incorporation avec liaison

Il est possible de conserver un **lien** entre le tableau original et la copie effectuée dans le document Word. Dans ce cas, toute modification du tableau source sous Excel se répercutera automatiquement dans le document Word, et inversement.

Dans votre fichier Word **Document pour collage spéciaux VotrePrénom**, insérez quelques lignes vides en-dessous du tableau que vous venez de coller et saisissez le texte « **Test Copier/Coller spécial avec liaison** » puis insérez une ligne vide et effectuez les manipulations suivantes :

- Sous Excel, sélectionnez les cellules du tableau à copier (A1:F10) et dans l'onglet **Accueil**, cliquer sur le bouton **Copier** (ou appuyez sur **Ctrl C** au clavier)

- Activer votre document Word, et cliquez sur la flèche déroulante du bouton **Coller** puis sur **Collage spécial…**

- Dans la boite de dialogue qui s'affiche à l'écran, sélectionner l'option **Feuille de calcul Microsoft Excel Objet**

- Cochez l'option **Coller avec liaison**

- Validez par **OK**

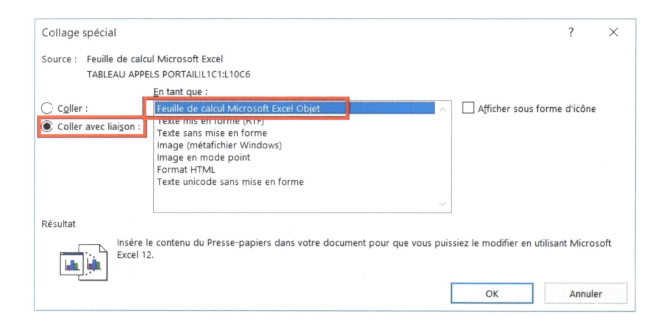

Cette fois, un double-clic sur le tableau ouvre non seulement Excel mais également le fichier **Appels de charges.** Toute modification éventuelle s'effectue donc bien dans le tableau d'origine.

Copier en tant qu'image

Une autre solution existe, qui consiste à demander à ce que votre tableau soit transformé en image au moment de son insertion dans le document Word : cette solution permet d'empêcher toute modification du tableau, dont le contenu devient "figé" comme une image.

Dans votre fichier Word **Document pour collage spéciaux VotrePrénom**, insérez quelques lignes vides en-dessous du tableau que vous venez de coller et saisissez le texte « **Test Copier/Coller spécial en tant qu'image** » puis insérez une ligne vide et effectuez les manipulations suivantes :

- Sous Excel, sélectionnez les cellules du tableau à copier (**A1:F10**) et dans l'onglet **Accueil**, cliquez sur le bouton **Copier** (ou appuyez sur **Ctrl C** au clavier)

- Activez votre document Word, et cliquez sur la flèche déroulante du bouton **Coller** puis sur **Collage spécial...**

- Dans la boite de dialogue qui s'affiche à l'écran, sélectionnez **Image (métafichier Windows)**

- Validez par **OK**

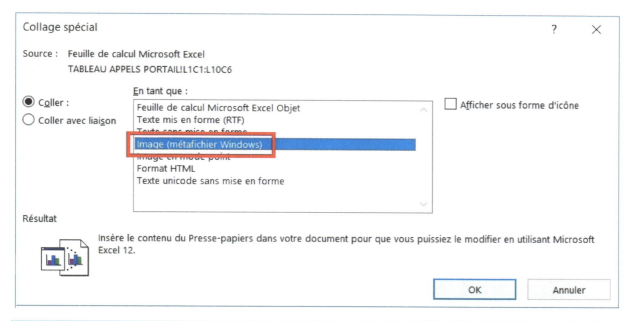

Le collage spécial en tant que **Feuille de calcul Excel** ou en tant qu'**Image** *reprend le quadrillage de la feuille Excel, ce qui n'est généralement pas l'effet désiré.*
Dans ce cas, avant d'effectuer votre **Copier**, *pensez à masquer le quadrillage de la feuille*
Excel (dans l'onglet **Affichage**, *décochez l'option* **Quadrillage** ☐ Quadrillage)

Enregistrez et refermez vos deux fichiers.

A CE POINT DU MANUEL, REALISER DES EXERCICES DE MISE EN APPLICATION POUR VALIDER LES CONNAISSANCES ACQUISES ⑭

LE SUIVI DES MODIFICATIONS

Lorsque différentes personnes participent à l'élaboration d'un document, il est très utile de pouvoir repérer facilement les changements apportés par chacune d'elles. Word propose dans ce cas un outil bien utile, le **Suivi des modifications**. Cet outil s'utilise en deux étapes distinctes :

- La première étape consiste à activer un mode de travail particulier qui inscrira provisoirement dans le document toutes les modifications qui y seront apportées, en incluant le nom de la personne qui les a apportées.

- La seconde étape prévoit qu'un "décideur" récupère le document marqué des révisions et le passe en revue pour accepter ou refuser les modifications proposées

Pour découvrir le suivi des modifications, nous vous proposons d'ouvrir le document **La Mythologie pour suivi des modifications** mis à votre disposition sur le réseau et de l'enregistrer dans votre dossier sous le nom **La Mythologie pour suivi des modifications VotrePrénom**.

Modifier le nom de l'utilisateur

Avant toute chose, nous devons vérifier sous quel nom nous sommes enregistrés et dans notre cas, vraisemblablement le modifier. En effet, lors de l'installation du Pack Office, le nom de l'utilisateur et ses initiales ont été enregistrés dans les options générales, tous deux utilisés par le suivi des modifications. Pour les modifier, suivez la procédure suivante :

- Dans l'onglet **Révisions**, cliquez sur le bouton lanceur du groupe **Suivi**
- Dans la boite de dialogue qui s'affiche, cliquez sur le bouton **Changer le nom de l'utilisateur**
- Dans la fenêtre des options Word qui s'affiche, saisissez votre prénom et vos initiales sous la rubrique **Personnaliser votre suite de programmes Microsoft Office**
- Cochez l'option **Toujours utiliser ces valeurs, quel que soit l'état de connexion à Office**

Personnaliser votre suite de programmes Microsoft Office

Nom d'utilisateur :   Janine

Initiales :   JA

☑ Toujours utiliser ces valeurs, quel que soit l'état de connexion à Office

Voilà qui est fait. A présent, il nous faut activer le mode de travail qui nous permettra d'effectuer les modifications en en gardant trace :

Activer le Suivi des modifications

- Dans l'onglet **Révision**, cliquez sur le bouton **Suivi des modifications**

Nous allons immédiatement vérifier que l'activation a bien fonctionné :
- Dans le second paragraphe de votre document, corrigez la faute du verbe **se partage** et ajoutez **nt** à la fin du verbe ; supprimez également les derniers mots du paragraphe « *qui était la résidence des Dieux Grecs* ».

Word indique aussitôt que des modifications ont eu lieu en ajoutant des traits verticaux rouges en marge gauche de la ligne.

Après· avoir· triomphé· sur· son· père· (Cronos),· Zeus· et· ses· frères· se· partagent· le· monde.· Zeus· s'approprie·du·ciel·,Poséidon·de·la·mer·et·Hadès·du·monde·souterrain.·Zeus·vécut·avec·ses·frères·et·
Afficher les marques de révision.
sœurs, et·ses·enfants·au·sommet·du·Mont·Olympe.¶

Située·entre·la·Macédoine·et·la·Thessalie·le·Mont·Olympe·est·le·plus·haut·sommet·d'une·rangée·de·

Si vous visez l'un des traits à l'aide de votre souris, vous verrez apparaître une infobulle vous proposant d'afficher les marques de révision.
- Cliquez sur le trait pour faire apparaître les modifications apportées au texte

Après· avoir· triomphé· sur· son· père· (Cronos),· Zeus· et· ses· frères· se· partage**nt**· le· monde.· Zeus· s'approprie·du·ciel,·Poséidon·de·la·mer·et·Hadès·du·monde·souterrain.·Zeus·vécut·avec·ses·frères·et· sœurs,·et·ses·enfants·au·sommet·du·Mont·Olympe ~~qui·était·la·résidence·des·Dieux·Grecs~~.¶
Masquer les marques de révision. Joine·et·la·Thessalie·le·Mont·Olympe·est·le·plus·haut·sommet·d'une·rangée·de·

- Comme vous pouvez le constater, les ajouts de texte figurent en rouge souligné, les suppressions de texte en rouge barré.

Poursuivez les modifications du document selon les deux extraits de textes ci-dessous, situés tous deux sur la première page :

Après· avoir· triomphé· sur· son· père· (Cronos),· Zeus· et· ses· frères· se· partage~~nt~~· le· monde.· Zeus· ~~s'approprie~~ prend·possession·du·ciel,·Poséidon·de·la·mer·et·Hadès,·dupé·lors·du·marché,·du·monde· souterrain.· Zeus· ~~vécut· avec· ses· frères· et· sœurs,· et· ses· enfants~~vit· au· sommet· du· Mont· Olympe, résidence·des·Dieux·Grecs ~~qui·était·la·résidence·des·Dieux·Grecs~~.¶

...

La·mythologie·grecque·dans·la·littérature¶

Les· auteurs· de· la· Grèce· Antique· mêlent· histoires· et· mythologie.· Certains· textes· comme· l'Iliade· et· l'Odyssée·sont·considérés·comme·historique s,·mais·d'autres·récits·ont·été·déformés· ~~apportant·pour~~ apporter· une· part· d'invention,· d'intrigue· et· de· mystère.· Ces· déformations· nous· font· perdre· tout· repère· et· complexifie· la· généalogie.· Dans· les· différentes· formes· de· la· mythologie· grecque,· nous· observons·même· des·textes·contradictoires.¶

Notre prochaine modification concernera une mise en forme. Sélectionnez le mot **Titans** du premier paragraphe et ajoutez du gras. Cette fois, le marquage est différent et se fait dans une "bulle" ajoutée en marge droite du texte.

Vous pouvez choisir de ne pas afficher les mises en forme dans les bulles, ou au contraire d'afficher également les changements de texte dans les bulles :

Modifier l'affichage des modifications

- Dans l'onglet **Révision**, groupe **Suivi**, déroulez le bouton **Afficher les marques** et cliquez sur **Bulles**

- Choisissez par exemple **Afficher les révisions dans les bulles**

- Observez les changements d'affichage dans votre texte : là où seule la modification de mise en forme s'inscrivait dans une bulle à droite, toutes les suppressions de texte se retrouvent indiquées par des bulles. Le texte ajouté, lui, continue de s'inscrire directement dans le texte.

;·DIEUX¶

ıas·les·dieux·qui·avaient·créé·le·monde,·mais·l'inverse·:·l'univers·avait·
l·y·eût·des·dieux,·le·ciel·et·la·terre·s'étaient·formés·et·ils·étaient·l'un·et·
es·**Titans**·étaient·leurs·enfants·et·les·dieux·leurs·petits-enfants.¶

·père·(Cronos),·Zeus·et·ses·frères·se·partag**ent**·le·monde.··Zeus·<u>prend</u>·
le·la·mer·et·Hadès,·<u>dupé·lors·du·marché,</u>·du·monde·souterrain.·Zeus·<u>vit</u>·
<u>résidence·des·Dieux·Grecs.</u>¶

la·Thessalie·le·Mont·Olympe·est·le·plus·haut·sommet·d'une·rangée·de·
ıeux·de·l'Olympe·sont·au·nombre·de·douze.··Cependant·plusieurs·autres·

| Janine ARALDI Il y a 4 minutes |
| Mis en forme : Police :Gras |

| Janine ARALDI |
| Supprimé:·s'approprie· |

| Janine ARALDI |
| Supprimé:·vécut·avec·ses·frères·et·sœurs,·et·ses·enfan |

| Janine ARALDI |
| Supprimé:··qui·était·la·résidence·des·Dieux·Grecs |

- Testez également l'affichage **Afficher toutes les révisions dans le texte** puis revenez puis revenez à l'affichage standard, à savoir **Afficher uniquement les commentaires et la mise en forme dans les bulles**.

Ajouter un commentaire

Voyons maintenant l'ajout de commentaires ; il s'agit en fait de « post-it » ajoutés au texte et sont faits, comme leurs noms l'indiquent, pour commenter le texte sans le modifier.

- Sélectionnez le mot **Thessalie** dans le troisième paragraphe et dans l'onglet **Révision**, groupe **Commentaires**, cliquez sur le bouton **Nouveau Commentaire**.
- Dans la bulle du commentaire, saisissez **A vérifier avec Alain.**

·la·Thessalie·le·Mont·Olympe·est·le·plus·haut·sommet·d'une·
· dieux· de· l'Olympe· sont· au· nombre· de· douze.· Cependant·

Janine ARALDI
A·vérifier·avec·Alain¶

 A noter que pour supprimer un commentaire, vous pourrez utiliser le bouton **Supprimer** du même groupe **Commentaires.**

Testez maintenant l'apparence des commentaires lorsque vous choisissez d'afficher toutes les révisions dans le texte (onglet **Suivi**, bouton **Afficher les marques** puis **Bulles**) : votre commentaire n'apparaitra que lorsque vous pointerez votre souris sur le mot marqué et s'affichera tel qu'indiqué ci-dessous :

s·approprie·prend·possession·au[...]des,·dupe·lors·du·marche,·du·monde·
souterrain.· Zeus· ~~vécut·avec·se~~[...] atsvit· au· sommet· du· Mont· Olympe,·
résidence·des·Dieux·Grecs·~~qui·ét~~[...].¶

> Janine ARALDI, 05/02/2017
> 13:15:00 commenté :
> A vérifier avec Alain

Située·entre·la·Macédoine·et·la·Thessalie·[JA1]·le·Mont·Olympe·est·le·plus·haut·sommet·d'une·rangée·
de· montagnes.· Les· principaux· dieux· de· l'Olympe· sont· au· nombre· de· douze.· Cependant· plusieurs·

Revenez à l'affichage standard **Afficher uniquement les commentaires et la mise en forme dans les bulles**

A présent, voyons ce qui se passe lorsque plusieurs personnes modifient le même document. Pour ce faire, et puisque nous sommes tout seul à travailler notre document, nous avons besoin de changer d'identité pour feindre le travail à plusieurs.

Rien de plus simple, comme nous l'avons déjà vu un peu plus haut :

- Dans l'onglet **Révision**, cliquez sur le bouton lanceur du groupe **Suivi**
- Cliquez sur le bouton **Changer le nom de l'utilisateur.**
- Dans la fenêtre des options Word qui s'affiche, sous la rubrique **Personnaliser votre suite de programmes Microsoft Office**, saisissez un nom et des initiales, par exemple :
  - o Dans la zone **Nom d'utilisateur** , saisissez **Astérix Gaulois** (ou tout autre nom de votre choix)
  - o Dans la zone **Initiales**, saisissez **AG** (ou toutes autres initiales de votre choix)
- Cochez l'option **Toujours utiliser ces valeurs, quel que soit l'état de connexion à Office**

Les modifications multi-utilisateurs

Qu'arrive-t-il à présent si nous apportons d'autres corrections sous notre nouvelle identité :

- Dans le troisième paragraphe, supprimez ***et dieux*** puis ajoutez ***en plus ou moins bonne entente*** à la fin du paragraphe

Comme vous pouvez le constater, la couleur utilisée par Word pour le marquage des modifications a changé pour ce nouvel auteur. Par ailleurs, son nom apparaît lorsque vous pointez sur une de ses modifications.

Ajoutez à présent le commentaire ***Donner des exemples ?*** sur les mots ***pouvoirs magiques*** du quatrième paragraphe. Le commentaire est clairement identifiable par sa couleur.

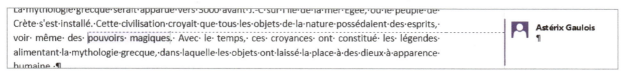

Si vous changez à nouveau d'identité, une troisième couleur serait appliquée à tous vos changements, et ainsi de suite.

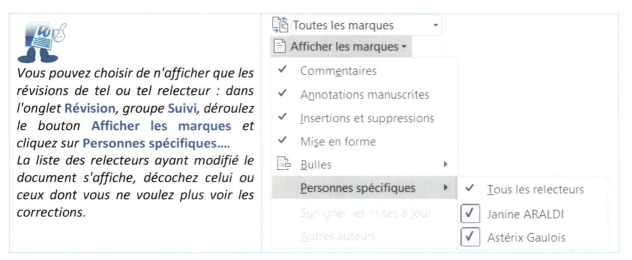

*Vous pouvez choisir de n'afficher que les révisions de tel ou tel relecteur : dans l'onglet **Révision**, groupe **Suivi**, déroulez le bouton **Afficher les marques** et cliquez sur **Personnes spécifiques....***
La liste des relecteurs ayant modifié le document s'affiche, décochez celui ou ceux dont vous ne voulez plus voir les corrections.

Visualiser la version Finale ou Originale du document

Par défaut, Word vous propose de visualiser la version finale de votre document, avec les changements inscrits soit en direct sur le texte, soit dans les bulles en marge droite.

Pour relecture ou pour impression, vous pourriez vouloir afficher momentanément votre document tel qu'il serait au final, ou au contraire revenir à la visualisation de la version originale, avec ou sans les modifications visibles à l'écran. Pour ce faire :

- Dans l'onglet **Révision**, groupe **Suivi**, utilisez le bouton **Afficher pour la révision** pour choisir l'option souhaitée :

  - **Marques simples** pour ne visualiser que la marque en marge gauche (trait vertical signalant qu'un modification a été apportée à la ligne)

  - **Toutes les marques** pour visualiser le document avec signalisation des modifications apportées (marque + texte ajouté ou supprimé…)

  - **Aucune marque** pour visualiser le document modifié sans signalisation des modifications apportées

  - **Original** pour visualiser le document tel qu'il était à l'origine avant les modifications

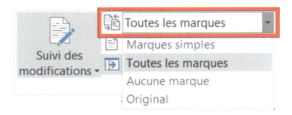

Attention cependant, les affichages **Aucune marque** et **Original** ne font que masquer provisoirement les révisions <u>sans les valider ou les invalider</u>.

De plus, elles ne sont masquées que sur votre poste : si vous transmettez votre document en l'état à une tierce personne (par messagerie par exemple), il est vraisemblable qu'elle retrouvera les modifications affichées sur son propre écran.

Nous vous conseillons de toujours revenir à l'affichage **Toutes les marques** pour ne pas perdre de vue qu'il s'agit d'un document en cours de révision.

Poursuivons. Tous les relecteurs ont apporté leur grain de sel, le moment est venu de passer à la seconde étape du processus du **Suivi des modifications** : l'acceptation ou le refus par un décideur des modifications inscrites dans le document.

Afficher le Volet Vérification

Le **volet Vérifications** est un autre moyen de connaître l'ensemble des modifications apportées à un document. Pour l'afficher, suivez la procédure suivante :

- Dans l'onglet **Révision**, groupe **Suivi**, déroulez le bouton **Volet Vérifications**

  - Choisissez **Volet vertical** ou **Volet Horizontal** selon votre préférence

  - Le volet s'affiche soit sur la gauche du document, soit en-dessous

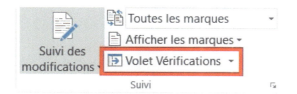

Accepter ou Refuser les modifications

- Positionnez votre curseur sur la première ligne du texte pour commencer la vérification en début de document

- Dans l'onglet **Révision**, groupe **Modifications**, cliquez sur le bouton **Suivante**
- Word se positionne sur la première modification trouvée dans le document ; vous pouvez :

- Accepter la modification en cliquant sur le bouton **Accepter** : Word valide la modification et se positionne automatiquement sur la modification suivante.
  Vous pouvez également accepter toutes les modifications du document en déroulant le bouton **Accepter** et en cliquant sur **Accepter toutes les modifications et arrêter le suivi**

- Refuser la modification en cours en cliquant sur le bouton **Refuser** : Word annule la modification et se positionne automatiquement sur la modification suivante.
  Vous pouvez également refuser toutes les modifications du document en déroulant le bouton **Refuser** et en cliquant sur **Refuser toutes les modifications et arrêter le suivi**

- Passer à une autre modification sans prendre de décision immédiate en utilisant les boutons **Suivante** Suivant ou Précédent

Au final, nous décidons d'accepter toutes les modifications :

- Dans l'onglet **Révision**, groupe **Modifications**, cliquez sur le bouton **Accepter toutes les modifications et arrêter le suivi**. Supprimez également les deux commentaires en cliquant sur le bouton **Supprimer** du groupe **Commentaires**.

Arrêter le Suivi des modifications

Si la révision du document est définitivement terminée, n'oubliez surtout pas de désactiver le mode de

travail **Suivi des modifications** après avoir accepté ou refusé les corrections :
- Dans l'onglet **Révision**, vérifiez que le bouton **Suivi des modifications** est bien désactivé
- Enregistrez et refermez votre fichier.

Exercice

Ouvrez le document **Fable le corbeau et le renard à corriger** mis à votre disposition sur le réseau et enregistrez-le dans votre dossier sous le nom **Fable le corbeau et le renard à corriger VotrePrénom**.

Réalisez les manipulations suivantes :
- Dans les options de Word, changez le nom de l'utilisateur en **Jean Fontaine** et les initiales en **JF**.
- Activez le suivi des modifications et essayez de mémoire de corriger les fautes et les erreurs de texte (oui oui, de mémoire !)
- Changez à nouveau d'utilisateur et cette fois choisissez **Speedy** en nom et **SP** en initiales.
- Trouvez la fable originale à l'aide d'un moteur de recherche et apportez si nécessaire les dernières corrections.
- Acceptez toutes les modifications et réenregistrez le document.

LA COMPARAISON DE DOCUMENTS

Vous avec deux versions d'un même document et ne savez plus quelle est la bonne ? Vous craignez d'avoir travaillé tantôt sur l'une, tantôt sur l'autre ? Ou deux personnes ont travaillé en même temps sur le même contrat (sans utiliser le suivi des modifications, bien sûr) ?

Vous voulez comparer les deux fichiers sans avoir à les relire ligne à ligne ?
Dans ce cas, faites-vous aider de Word en utilisant la **Comparaison de documents**.

Comparer deux versions d'un document
Pour cet exercice, nous avons prévu deux fichiers légèrement différents l'un de l'autre : **La Mythologie version 3** et **La Mythologie version C**.
Inutile de les ouvrir maintenant, Word vous les demandera le moment venu.

- Lancez Word et dans l'onglet **Révision**, cliquez sur le bouton **Comparer**, puis sur **Comparer** à nouveau.

- Dans la fenêtre qui s'affiche à l'écran, utilisez les boutons **Parcourir** 📂 pour sélectionner à gauche le premier document **La Mythologie version 3**, à droite le second document **La mythologie version C**.

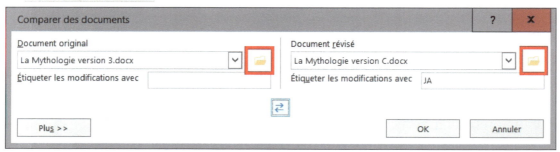

- Validez par OK : Word crée un nouveau document provisoirement nommé **Document comparé**. Il s'agit en fait d'une nouvelle version du texte dans laquelle sont inscrites les différences sous forme de **marques de révisions**.

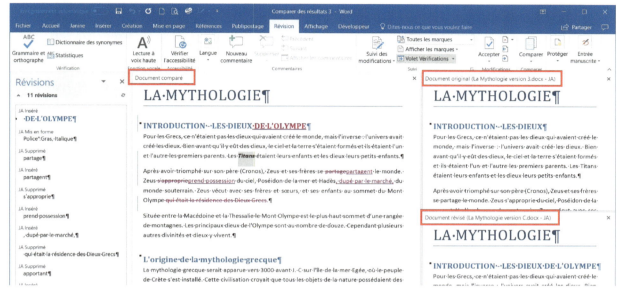

- Word affiche également sur la droite de l'écran, en miniature, les deux fichiers que vous avez sélectionnés pour les comparer (vous pouvez visualiser leurs noms respectifs en haut de chaque fenêtre).
- Le **volet des révisions** s'affiche également automatiquement à gauche de l'écran avec la liste des différences.

 Si l'affichage vous semble trop confus, n'hésitez pas à refermer les miniatures des deux fichiers pour ne garder à l'écran que le document comparé.

Gérer les différences

Dans le document de comparé, passer en revue les modifications pour les accepter ou les refuser :

- Dans l'onglet **Révisions**, groupe **Modifications**, cliquer sur le bouton **Modification suivante** pour accéder à la première différence entre les deux versions
- Cliquez sur le bouton **Accepter** ou **Refuser** du groupe **Modifications** pour mettre à jour votre texte
- Enregistrez le document comparé sous le nom **La Mythologie version comparée VotrePrénom**.

Enregistrez et refermez tous les fichiers.

LA PROTECTION DU DOCUMENT

Lorsque vous travaillez avec des documents sensibles ou confidentiels, vous pouvez vouloir les protéger contre toute intrusion. Ou encore, vous pouvez vouloir les laisser libre d'accès en lecture, mais empêcher leur modification.

Pour les manipulation qui suivent, créez un nouveau document Word et enregistrez-le dans votre dossier de travail sous le nom **Fichier test pour mot de passe VotrePrénom**.

Prévoir un mot de passe pour la lecture du document

- Dans l'onglet **Fichier**, cliquez sur **Informations** puis sur **Protéger le document** et enfin sur **Chiffrer avec mot de passe**
- Saisissez une première fois votre mot de passe, validez, puis saisissez-le à nouveau pour confirmation.
- Enregistrez votre fichier.

Refermez votre fichier puis essayez de l'ouvrir à nouveau : Word vous demande de saisir le mot de passe.

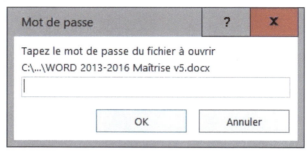

- Saisissez votre mot de passe et rouvrez votre document **Fichier test pour mot de passe VotrePrénom**.

Supprimer le mot de passe pour la lecture du document

- Dans l'onglet **Fichier**, cliquez sur **Informations** puis sur **Protéger le document** et enfin sur **Chiffrer avec mot de passe**
- Effacez le mot de passe saisi dans la zone **Mot de passe** et validez
- Réenregistrez votre fichier

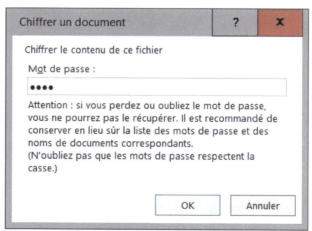

Nous allons maintenant prévoir un mot de passe pour la *modification* du document :

Prévoir un mot de passe pour la modification du document

- Rouvrez votre document **Fichier test pour mot de passe VotrePrénom**

- Dans l'onglet **Révisions,** groupe **Protéger**, cliquez sur le bouton **Restreindre la modification**
- Le volet du même nom s'affiche à droite de l'écran
- Dans la rubrique **2.Restrictions de modifications**, effectuez les réglages suivants :
    - Cochez l'option **Autoriser uniquement ce type de modification dans le document**
    - Sélectionnez **Aucune modification (Lecture seule)** dans la liste déroulante

- Dans la rubrique **3.Activation de la protection**, cliquez sur le bouton **Oui, activer la protection**

- Dans la boite de dialogue qui s'affiche à l'écran, saisissez puis confirmez votre mot de passe

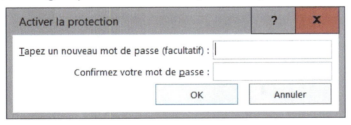

- Validez par **OK** : c'est fait, vous ne pouvez plus rien modifier au document. Si vous tentez d'effectuer une nouvelle saisie, rien ne peut être ajouté, supprimé ou modifié dans votre texte.

Désactiver la protection du document

- En bas du volet **Restreindre la modification,** cliquer sur le bouton [Désactiver la protection] (au besoin, réaffichez le volet en cliquant sur le bouton **Restreindre la modification** de l'onglet **Révision,** groupe **Protéger**
- Dans la boite de dialogue qui s'affiche à l'écran, saisissez votre mot de passe

Enregistrez et refermez votre document **Fichier test pour mot de passe VotrePrénom**.

PERSONNALISER WORD

La personnalisation de Word peut passer par plusieurs outils, dont nous avons déjà découvert certains :

- Le bouton **Par défaut** de certaines boites de dialogue (police, paragraphe, mise en page) pour modifier le modèle **Normal**, ce qui modifiera alors tous les nouveaux documents vierges que vous créerez.
- La barre d'outils **Accès rapide**, à laquelle vous pouvez ajouter des boutons à volonté.
- Les **options générales** de Word, qui vous permettent par exemple de changer le nom de l'utilisateur ou le format d'enregistrement des documents par défaut.

Nous allons maintenant voir d'autres possibilités de personnalisation intéressantes :

Changer le dossier d'enregistrement par défaut

Chaque fois que vous ouvrez ou enregistrez un document, Word commence toujours par vous proposer un dossier particulier, généralement le dossier **Documents**.

Il s'agit du dossier d'enregistrement par défaut enregistré dans les options de Word, que vous pouvez bien sûr modifier si vous enregistrez le plus souvent vos documents sur un lecteur réseau ou dans un autre dossier.

- Dans l'onglet **Fichier**, cliquez sur le bouton **Options**.
- Sélectionnez la rubrique **Enregistrement**
- Cliquez sur le bouton **Parcourir** à droite de la zone **Dossier par défaut**.

Vous pouvez alors sélectionner le dossier dans lequel vous préférez généralement enregistrer vos documents.

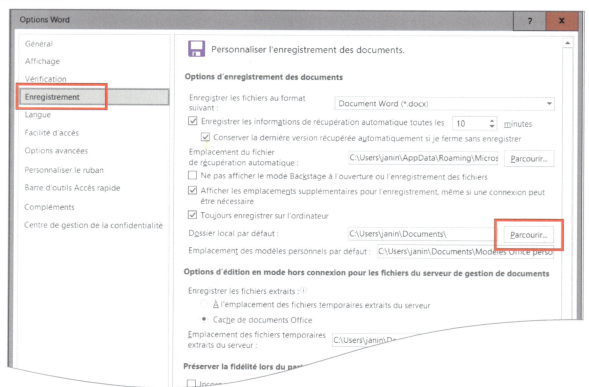

Modifier l'intervalle de l'enregistrement par défaut

Word enregistre régulièrement (toutes les dix minutes) vos documents ouverts afin de limiter les pertes en cas d'arrêt brutal du système. Vous pouvez régler l'intervalle de cet enregistrement, ou même le désactiver complètement (ce que nous vous déconseillons en règle générale).

Dans la même fenêtre des options générales d'enregistrement que ci-dessus, modifier le chiffre en regard de la zone **Enregistrer les informations de récupération automatique toutes les** XX **minutes**.

Personnaliser le ruban

Nous avons vu dès les premières leçons de Word comment personnaliser la barre d'outils **Accès rapide**. Nous allons maintenant aller un peu plus loin en modifiant le ruban. La version 2010 permet en effet de :

- Déplacer les onglets prédéfinis pour en redéfinir l'ordre
- Supprimer ou rajouter un groupe entier dans un onglet prédéfini ou personnel
- Créer de nouveaux onglets

Ouvrir la fenêtre de personnalisation du ruban

- Dans l'onglet **Fichier**, cliquez sur **Options** puis sur **Personnaliser le ruban** (vous pouvez également cliquer droit sur un onglet du ruban puis sur **Personnaliser le ruban**.

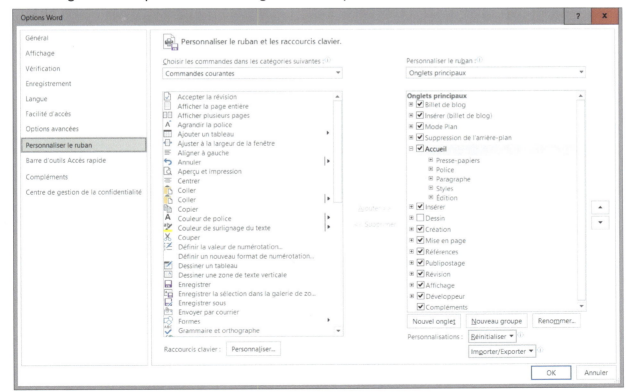

Créer un nouvel onglet

Pour créer un nouvel onglet personnalisé qui rassemblera, organisés en groupes, les boutons dont vous vous servez le plus souvent, suivez la procédure suivante :

- Dans la fenêtre de personnalisation du ruban, cliquez sur le bouton **Nouvel onglet** : Word crée immédiatement un nouvel onglet avec un premier groupe vide.
- Utilisez le bouton **Renommer** en bas à droite de la fenêtre pour renommer l'onglet et donnez-lui votre prénom.
- A l'aide du même bouton, renommez le groupe **Insertion**.
- Utilisez les boutons [▲] [▼] à droite de la fenêtre pour replacer le nouvel onglet en première position dans la liste des onglets

        □ ☑ Janine (Personnalisé)

           ⊞ Insertion (Personnalisé)

           ⊞ Mise en forme (Personnalisé)

- Dans la colonne de droite, cliquez sur votre groupe **Insertion (Personnalisé)** pour le resélectionner
- Au-dessus de la colonne de gauche, dans la liste **Choisir les commandes dans les catégories** suivantes, sélectionnez **Toutes les commandes**, **Commandes courantes** ou **Tous les onglets**.

Par exemple, pour ajouter le bouton **Insérer un Tableau** à votre groupe, procédez comme suit :
- Au-dessus de la colonne de gauche, sélectionnez **Tous les onglets**
- Dans la liste des onglets qui s'affiche, recherchez l'onglet **Insérer** (onglet dans lequel se trouve normalement le bouton) et cliquez sur le symbole ⊞ pour le développer
- Recherchez la ligne **Tableaux** et cliquez sur le symbole ⊞ pour la développer
- Sélectionnez **Ajouter un tableau**
- Cliquez sur le bouton [Ajouter >>] pour le faire passer dans le groupe **Insertion (Personnalisé)** de votre nouvel onglet ;

Renouvelez l'opération pour ajouter d'autres boutons à votre groupe **Insertion** (ajoutez par exemple le bouton **Insérer une image** de la ligne **Illustrations** ou le bouton **Symbole** de la ligne **Symboles**)

- Nous voulons à présent ajouter un deuxième groupe à notre onglet (le groupe **Mise en forme** par exemple) :
    - sous la liste de droite, cliquez sur le bouton **Nouveau groupe,**
    - utilisez à nouveau le bouton **Renommer** et saisissez **Mise en forme**

Comme précédemment, utilisez la liste de gauche pour ajouter quelques boutons à votre nouveau groupe (les boutons de mise en forme de la police par exemple, que vous trouverez dans l'onglet **Accueil**, ligne **Police**)

- Validez et vérifiez votre ruban : un nouvel onglet est apparu à gauche de l'onglet **Accueil**, dans lequel les boutons que vous avez sélectionnés apparaissent répartis dans les deux groupes créés.

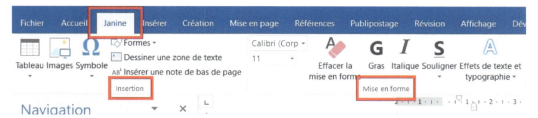

 Vous pouvez également choisir d'ajouter un nouveau groupe à un onglet standard de Word. A noter cependant que vous ne pouvez pas ajouter de boutons aux groupes que vous n'avez pas créés.

Réinitialiser le ruban

Pour retrouver le ruban tel qu'à l'installation de Word, ouvrez la fenêtre de personnalisation du ruban et suivez les procédures suivantes :

Supprimer un onglet personnel

Sélectionnez dans la colonne de droite l'onglet personnel à supprimer et cliquez sur le bouton **Supprimer>>**

Supprimer les personnalisations d'un onglet standard

Sélectionnez dans la colonne de droite l'onglet à réinitialiser, déroulez le bouton **Réinitialiser** et cliquez sur **Réinitialiser uniquement l'onglet du Ruban sélectionné**

Supprimer toutes les personnalisations

Dans le bouton **Réinitialiser** ci-dessus, cliquez sur **Réinitialiser toutes les personnalisations**. Le message ci-dessous s'affiche, cliquez sur **Oui** (à noter que la barre d'outils **Accès rapide** sera également réinitialisée) :

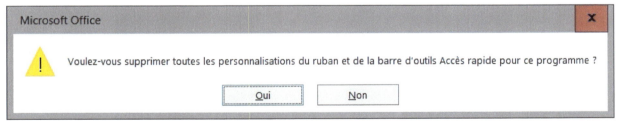

Word 2013 – 2016

Méthodes d'apprentissage disponibles

Ces méthodes sont disponibles sur le site www.amazon.fr. Vous pouvez accéder à la liste de nos ouvrages en saisissant le nom de l'auteur ou le code ISBN dans la zone de recherche du site.

Word
Initiation
2013 – 2016
ISBN 1537021672

Word
Maîtrise
2013 - 2016
ISBN 1985089793

Excel
Initiation
2013 – 2016
ISBN 1985014653

Excel
Maîtrise
2013 – 2016
ISBN 1986641252

Excel
Fonctions &
Fonctionnalités
avancées
2007 – 2010
ISBN 1484010817

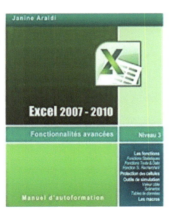

PowerPoint
Initiation
2013 – 2016
ISBN 1537015435

www.ingramcontent.com/pod-product-compliance
Lightning Source LLC
LaVergne TN
LVHW071522070326
832902LV00002B/33